ПРАВЕДНЫЙ НИКОЛАЙ КАВАСИЛА

СЕМЬ СЛОВ О ЖИЗНИ ВО ХРИСТЕ

ORTHODOX LOGOS PUBLISHING

СЕМЬ СЛОВ О ЖИЗНИ ВО ХРИСТЕ

праведный Николай Кавасила

Икона на обложке книги:
«Николай Кавасил», Неизвестный автор

© 2024, Orthodox Logos Publishing, The Netherlands

www.orthodoxlogos.com

ISBN: 978-1-80484-137-2

This book is in copyright. No part of this publication may
be reproduced, stored in a retrieval system or transmitted in any form or
by any means without the prior permission in writing of
the publisher, nor be otherwise circulated in any form of binding
or cover other than that in which it is published without a similar
condition, including this condition, being imposed
on the subsequent purchaser.

ПРАВЕДНЫЙ НИКОЛАЙ КАВАСИЛА

СЕМЬ СЛОВ О ЖИЗНИ ВО ХРИСТЕ

ORTHODOX LOGOS PUBLISHING

СОДЕРЖАНИЕ

Предисловие ... 7

О том, что она созидается посредством Божественных таинств: Крещения, Миропомазания и священного Приобщения ... 10

Какое содействие оказывает ей Божественное крещение ... 30

Какое содействие доставляет ей Божественное миро ... 65

Какое содействие дарует ей священное приобщение ... 74

Какое содействие доставляет ей освящение священного жертвенника ... 108

Каким образом сохранить нам жизнь, полученную через таинства ... 117

    О первом блаженстве, что нищета духовная получает преуспеяние посредством сказанного размышления ... 134

    О втором блаженстве, что печаль по Боге получает преуспеяние посредством сказанного размышления ... 136

    О третьем блаженстве, что и в том, чтобы и кроткими быть, преуспеяние получается от сказанного размышления ... 140

    О четвертом блаженстве, что правда получает преуспеяние посредством сих помыслов ... 144

О пятом блаженстве, что милостыня получает преуспеяние посредством сих помыслов ... 145

О шестом блаженстве, что чистота сердца получает преуспеяние от сказанного размышления ... 147

О седьмом блаженстве, что миротворение получает преуспеяние от сказанного размышления ... 148

О восьмом и девятом блаженстве, что терпение и гонений и обид ради правды и Христа получает преуспеяние от сего размышления ... 150

Каков бывает принявший таинства и тщанием к себе сохранивший благодать, полученную от таинств ... 156

ПРЕДИСЛОВИЕ

Слова Николая Кавасилы о жизни во Христе были распространены в Греции; это видно из того, что рукописи этих слов встречаются во многих библиотеках, и притом не в одном экземпляре[1]. Печатно издал их Гасс в 1849г., сличив по многим спискам, со своим предисловием и примечаниями. Большая часть рукописей содержит в себе только шесть слов о жизни во Христе, Гасс в одной рукописи Венской библиотеки нашел и седьмое слово о жизни во Христе, которое, как нужно думать, написано позже после прочих и потому редко встречается в рукописях.

В своих словах о жизни во Христе Николай Кавасила рассуждал о том, что новая благодатная жизнь, даруемая верующим во Христа, получается ими и поддерживается в них силой спасительных Таинств, и деятельностью человека, сообразной с законом Христовым. В шестом и последнем слове Кавасила рассуждает, до какой нравственной высоты может достигнуть христианин еще здесь на земле, если только употребит старание сохранить и возрастить в себе сокровище Благодатных Даров. Возвышенное течение мыслей, сила и живость благочестивого чувства, глубокое разумение духа Священного Писания составляют неотъемлемое достоинство слов Николая Кавасилы. Этим и объясняется многочисленность списков, в которых сохранились эти слова – они должны быть отрадным чтением для людей, ищущих спасения и подвизающихся в благочестии.

СЕМЬ СЛОВ О ЖИЗНИ ВО ХРИСТЕ

О ТОМ, ЧТО ОНА СОЗИДАЕТСЯ ПОСРЕДСТВОМ БОЖЕСТВЕННЫХ ТАИНСТВ: КРЕЩЕНИЯ, МИРОПОМАЗАНИЯ И СВЯЩЕННОГО ПРИОБЩЕНИЯ

Жизнь во Христе зарождается в здешней жизни и начало приемлет здесь, а совершается в будущей жизни, когда мы достигнем оного дня. И ни настоящая жизнь не может совершенно вложить ее в сердца людей, ни будущая, если не получит начатков ее в сей жизни. Ибо поелику в настоящей жизни помрачает плотское, и здешний мрак, и тление, не могущее наследовать нетление, то Павел почитал лучшим разрешиться, дабы со Христом быть: «Разрешиться, – говорит он, – и со Христом быть много паче лучше» (*Флп.1:23*). А жизнь будущая, если и приемлет людей, не имеющих сил и чувств, которые нужны для жизни оной, то для таковых нисколько не послужит ко благополучию, но как мертвые и несчастные будут они обитать в блаженном оном и бессмертном мире. А причина та, что хотя свет сияет и солнце доставляет чистый луч, но не образуется тогда глаза ни у одного человека, и благоухание запаха изливается обильно и распространяется повсюду, но чувства обоняния от сего не получает тот, кто не имеет его. Посредством таинств возможно в день оный сообщиться с Сыном Божиим друзьям Его и узнать от Него то, что слышал Он от Отца; но и приходить к Нему нужно будучи другом Его и имея уши. Ибо там нельзя составлять дружбу и отверзать уши и приготовлять брачную одежду и уготовлять прочее, что нужно в брачном чертоге, но местом для приготовления всего этого служит настоящая жизнь, и у кого не будет сего прежде отшествия, у тех нет ничего общего с оною жизнью. И свидетели сему пять дев и оный званый на брак, поелику пришли, не имея ни елея и ни одежд брачных (*Мф.25*), то не могли уже приобрести их. Подлинно внутреннего нового человека, созданного по Богу, чревоносит мир сей, и зачатый уже здесь и совершенно уже образовавшийся рождается он в оном нестареющем мире. Ибо как зародыш пока находится в темной и ночной жизни, в то время природа приготовляет его к жизни в свете и образует как бы по закону той жизни, какую нужно ему восприять – подобным образом случается и со святыми. И сие сказал апостол Павел в Послании к галатам: «Чадца моя, ими же паки болезную, дóндеже вообразится Христос в вас» (*Гал.4:19*). Но оные зародыши не доходят никогда до ощущения сей жизни; блаженные же и в настоящей жизни имеют многие ощущения будущего. А причина та, что для первых еще жизнь настоящая не настает, а есть для них в буквальном смысле будущая. Ибо во вместилище зародышей не бывает ни луча, ни чего-либо иного, что поддерживает сию жизнь; у нас же не так, но оная будущая жизнь как бы вливается и примешивается к сей настоящей, и солнце оное и нам воссиявает человеколюбиво, и пренебесное миро истощено в зловонных местах, и хлеб ангельский дан и людям. Посему не располагаться только и приготовляться к жизни, но и жить уже оною жизнью и действовать возможно святым даже в настоящей жизни. «Емлися за вечную жизнь (*1Тим.6:12*), – говорит Павел, – и живу же не ктому аз, но живет во мне Христос» (*Гал.2:20*). И божественный Игнатий: «Есть вода живая и говорящая во мне» (послание к *Римл. 6*), и многим подобным сему наполнено Писание. Кроме всего этого, когда возвещено, что Сама жизнь всегда соприсутствует святым, ибо сказано: «се Аз с вами есмь во вся дни до скончания века» (*Мф.28:20*), зачем думать иначе?

Ибо вверивший земле семена жизни, ввергший на нее огонь и меч, не удалился тотчас, предоставив людям возращать, пытаться сожигать и употреблять меч, но Сам присутствует истинно, действуя в нас и «еже хотети и еже деяти», как говорит блаженный Павел (*Флп.2:13*), и Огонь Сам возжигает и вносит, и меч держит Сам. И подлинно, не прославится секира без владеющего ей и где не присутствует Благий, там не может быть ничего доброго. И не присутствовать только со святыми обещался Господь, но и пребывать у них и, что лучше сего, обитель в них сотворить. И что я говорю – когда сказано, что Он соединяется с ними так человеколюбиво, что бывает един дух с ними: «прилепляйся Господеви един дух есть» (*1Кор.6:17*), и еще: «едино тело и един дух, яко же и звани бысте» (*Еф.4:4*), по слову Павла. Ибо как неизреченное человеколюбие и любовь Божия к роду нашему превосходит разум человеческий и приличествует одной божественной благости. Ибо это есть «мир Божий, превосходяй всяк ум» (*Флп.4:7*); подобным же образом следует, что и единение Его с возлюбленными выше всякого единения, так что сего никто не может понять и изобразить каким-либо подобием. Потому и в Писании нужны были многие подобия, дабы можно было обозначить оное соединение, так как одного подобия было недостаточно, и указывает оно то на жителя и дом, то на виноградную лозу и ее ветви, то на брак, то на члены и главу, из коих ничто не равно оному единению, ибо от сих уподоблений нельзя точно дойти до истины.

Ибо весьма нужно, чтобы за дружеством следовало и соединение; что же может быть равно божественной любви? Потом, кажется, что брак и согласие членов с головою лучше всего обозначают связь и единение, но и сие весьма далеко отстоит от истины и нужно еще многое, чтобы объяснить сущность дела. Ибо брак не так соединяет людей, чтобы соединенные пребывали и жили друг в друге, что случилось со Христом и Церковью. Почему божественный апостол, сказав о браке: «тайна сия велика есть, – прибавил, – аз же глаголю во Христа и во Церковь» (*Еф.5:32*), показывал, что удивляется не сему, а оному браку. Члены действительно соединены с главою и живут сим соединением и умирают, когда их отделяют; но кажется, что и они соединены со Христом более, нежели со своею главою и Им живут больше, нежели союзом с главою. И это ясно в блаженных мучениках, которые одно переносили легко, о другом не могли и слышать; голову и члены отлагали с удовольствием, а от Христа не могли отступить даже звуком голоса. И скажу еще нечто новое. Ибо может ли что-нибудь соединиться с другим теснее, нежели как соединяется оно само с собою? Но и такое единение меньше оного союза. Ибо из блаженных духов каждый есть одно и то же с самим собою, но со Спасителем соединен больше, нежели сам с собою. Ибо любит Спасителя больше, нежели самого себя, и свидетельствует сему слову Павел, молясь быть «отлученным от Христа» (*Рим.9:3*) ради умудрения иудеев, дабы Ему было приложение славы. Если такова человеческая любовь, то божественной и понять нельзя. Ибо если лукавые показывают такое благомыслие, что нужно сказать об оной благости? Когда так превышеестественна любовь, нужно, чтобы и союз, в который вовлекает он любящих, превышал помысел человеческий, так что и объяснить его сравнением нет возможности.

Станем же рассматривать и таким образом. Есть многое, чем нужно пользоваться для жизни: воздух, свет, пища, одежда, самые силы естественные и члены, – но ничем не приходится пользоваться каждый раз и для всего, но иногда одним, в другой раз – другим, так как иное иначе помогает в представляющейся нужде. Ибо одежда одевает нас, а пищи нам не доставляет; но нуждающимся в трапезе нужно искать чего-либо иного. И свет не дает нам дышать, а воздух не бывает для нас вместо луча; и действием чувств членов не всегда пользуемся и употребляем их, но глаз, иногда и рука остаются без дела, когда нужно слушать; и желающим прикоснуться достаточно руки, а чтобы обонять или слышать, или видеть, для сего руки недостаточно, но оставляя ее, мы обращаемся к другой силе. Спаситель же с живущими в Нем всегда и во всем соприсутствует, так что всякую нужду восполняет и есть для них все и не допускает обращать внимания на что-либо иное, ни искать чего-либо в другом месте. Ибо нет для нуждающихся ничего такого, чем бы Сам Он не был для святых, ибо Он и рождает, и взращивает, и питает, и свет для них и дыхание и Собою Самим образует для них око, Собою Самим освещает их и дарует им видеть Себя Самого. Сам Он – Питатель, но вместе с тем и пища, которую Он являет как хлеб жизни. Сам же есть и то, что доставляет. Он и жизнь для живущих, мир для дышащих, одежда для желающих одеться. Им только можем мы ходить, и Он же есть и путь и, кроме того, отдохновение на пути, и предел его. Мы – члены, Он – глава. Подвизаться нужно – Он споборствует, заслуживающим похвалы, Он подвиги положил и побеждаем мы – Он готовый венец наш. Так во всем обращает к Себе Самому и не допускает уму обращаться к чему-либо иному, ни воспламеняться любовью к чему-либо сущему. Ибо если сюда устремим желание, Сам присутствует здесь и подает покой, если туда – и там Он, если в иное место – и на сем пути поддерживает и подкрепляет готовых пасть. «Аще взыду на небо, Ты тамо еси, – сказано, – аще сниду во ад, тамо еси, аще возму криле мои рано и вселюся в последних моря, и тамо бо рука Твоя наставит мя и удержит мя десница Твоя» (*Пс.138:8–10*). Принуждением некоторым удивительным и насилием человеколюбивым привлекая к Себе одному и соединяя с Собою одним – таково, я думаю, принуждение, которым принудил Он войти в дом и на пиршество тех, кого звал, говоря рабу: «принудь войти, чтобы наполнился дом мой» (*Лк.14:23*).

Что жизнь во Христе не в будущей только, но и в настоящей жизни находится в святых, кои и живут ею и действуют, это видно из сказанного. А почему возможно так жить и, как говорит Павел, во обновлении жизни ходить, то есть с творящими какие дела так соединяется Христос и так прикрепляется к ним, и не знаю, как и выразить сие, о сем станем говорить далее. Происходит сие, с одной стороны, от Бога, с другой – от нашего тщания, и одно – вполне Его дело, другое – и от нас требует ревности. Впрочем, мы привносим не более того, сколько нужно, чтобы сохранилась благодать и не предать сокровища и не погасить светильника уже возженного. Разумею же тех, кои не привносят ничего такого, что противодействует жизни и рождает смерть, ибо к тому только служит всякое человеческое благо и всякая добродетель, чтобы кто-нибудь не обнажил меча на самого себя и не бежал бы от благополучия и не свергал венцов с головы своей, так как существо жизни всаждает в души наши Сам Христос, соприсутствуя нам неизреченным неким образом. Ибо Он присутствует истинно и помогает начаткам жизни, которые Сам даровал Своим пришествием. Присутствует же не как прежде, и обхождением и беседою, и обращением с нами, и общением, но иным некоторым и совершеннейшим образом, по которому мы становимся сотелесными ему и соживущими, членами и тому подобное, что только относится к сему. Ибо как неизреченно человеколюбие, по которому столько возлюбив самых уничиженных, восхотел удостоить их величайших благодеяний, и, как союз, которым Он соединяется с возлюбленными, превосходит всякий образ и всякое наименование, так и тот способ, коим Он присутствует и благотворит, дивен и приличен Одному Творящему дивное. Ибо тех, кои смерти Его, которою Он истинно умер ради нашей жизни, подражают в некоторых символах, как бы на картинах, Он самым делом обновляет и воссозидает и делает общниками жизни Своей.

Ибо в священных таинствах изображая погребение Его и возвещая Его смерть, чрез них мы рождаемся и образуемся и преестественно соединяемся со Спасителем. Ибо чрез них-то мы, как говорит апостол, в «Нем живем, и движемся и есмы» (*Деян.17:28*). Поелику Крещение дарует бытие и всецелое существование о Христе, ибо оно, приняв мертвых и растленных, первое из всех таинств вводит их в жизнь. А Помазание миром совершает рожденного, влагая соответствующую сей жизни силу действования, божественная же Евхаристия сохраняет и поддерживает его жизнь и здравие. Ибо, чтобы сохранить уже приобретенное и подкрепить живущих, сие дарует хлеб жизни. Посему сим хлебом живем, движемся миром, получив бытие от купели. И сим образом живем в Боге, переместив жизнь от сего видимого мира в невидимый, переменив не место, но дела и жизнь. Ибо не сами мы подвиглись или взошли к Богу, но Он Сам пришел и нишел к нам. Ибо не мы искали, но мы взысканы были, потому что не овца искала пастыря и не драхма – госпожу, но Сам Он приник на землю и нашел образ и был в тех местах, где блуждала овца, и поднял ее и восставил от блуждания, не переместив людей отсюда, пребывающих на земле небесными соделал и вложил в них небесную жизнь, не возводя на небо, но небо преклонив и низведя к ним. Ибо, как говорит пророк, «приклони небеса и сниде» (*Пс.17:10*). И так посредством сих священных таинств, как бы посредством оконцев, в мрачный сей мир проникает Солнце правды и умерщвляет жизнь, сообразную с миром, и восстановляет жизнь премирную, и Свет мира побеждает мир, что обозначает Спаситель, говоря: «Аз победих мир» (*Ин.16:33*), когда в смертное и изменяющееся тело ввел жизнь постоянную и бессмертную. Ибо как в доме, когда проникнет в него луч, светильник не обращает на себя взоров смотрящих, но привлекает их всепобеждающая светлость луча: подобным же образом и в сей жизни светлость будущей жизни, проникающая в души и внедряющаяся в них посредством таинств, побеждает жизнь во плоти и омрачает красоту и светлость мира сего. И такова-то жизнь в духе, которою побеждается всякое пожелание плоти по слову Павла: «духом ходите и похоти плотския не совершайте» (*Гал.5:16*). Сей путь продолжил Господь, пришедши к нам, и сию отверз дверь, вошедши в мир, и восшедши к Отцу, не допустил заключить ее, но и от Отца через сию дверь приходит к людям, паче же всегда присутствует с нами и пребывает, и пребудет навсегда, исполняя оные обещания. Итак, несть сие, но дом Божий, и сия врата небесная, – сказал бы патриарх, коими нисходят на землю не только ангелы, ибо они присущи каждому принявшему Крещение, но и Сам Господь ангелов. Посему когда, как бы на письме предначертывая свое крещение, Сам Спаситель восхотел креститься Крещением Иоанновым, показывая, что чрез Крещение только мы можем узреть небесные пространства и тем указано было, что нельзя войти в жизнь некрещеному, тем же указано и то, что купель есть вход и дверь. «Отверзите мне врата правды» (*Пс.117:19*), говорит Давид, желая, как я думаю, чтобы отверзлись сии врата. Ибо это есть то самое, что желали видеть многие пророки и цари, именно пришествие на землю Художника этих врат; почему, если бы, – говорит Давид, – случилось ему воспользоваться входом и пройти чрез сии врата, то он принес бы исповедание Господу, разделяющему стену. «Вшед в ня, – говорит, – исповемся Господеви» (*Пс.117:19*). так как чрез сии врата получил бы он возможность достигнуть до совершеннейшего познания о благости и человеколюбии Божием к роду человеческому.

Ибо какой может быть лучший знак благости и человеколюбия Божия, как не то, что Он, омывая водою, очищает душу от нечистоты, помазуя миром, воцаряет в небесном Царстве и насыщает, предлагая Свое Тело и Кровь? Что люди соделываются богами и сынами Божиими и природа наша чествуется честью божественною и персть возвышается до такой славы, что соделывается подобочестною и даже подобную божественной природе – с чем можно сравнить сие? Чего еще недостает в сем преизбытке обновления? Ибо это есть добродетель Божия, которая покрыла небеса и всю превзошла тварь и всякое дело Божие сокрыла, препобедив их величием и красотою. Ибо из всех дел Божественных, столь многих и столь прекрасных и великих, нет ни одного, которое бы яснее других показывало мудрость и искусство Творца, и нельзя сказать, чтобы из существующего могло быть что-либо и лучше и многообразнее. Если же возможно, чтобы дело Божие было так хорошо, так благо, что состязалось с оною мудростью и силою и искусством и, так сказать, уравнилось с беспредельностью и, подобно оттиску, показывало все величие Божественной благости, помышляя, что оно может препобедить все. Ибо если в том всегда дело Божие, чтобы раздавать блага, и для сего все творит Он, и такова цель уже бывшего и того, что будет после (чтобы изливалось, – сказано, – благо и руководило), то сие совершая всех Бог даровал благо самое большее и лучше коего не имел дать, так что это есть самое большее и лучшее дело благости и конечный предел доброты. А такого дело домостроительства, совершенное о людях. Ибо здесь не просто сообщил Бог естеству человеческому несколько блага, сохранив большее для Себя, но все исполнение Божества, всего Себя вложил в него как естественное Его богатство. Посему и сказал Павел, что «правда Божия» по преимуществу открылась в Евангелии (*Рим.1:17*): ибо если есть какая добродетель Божия и правда, она состоит в том, чтобы всем независимо даровать Свои блага и общение блаженства. Посему священнейшие таинства правильно можно назвать вратами правды, потому что крайняя к роду человеческому любовь и благость Божия, в чем состоит Божественная добродетель и правда, их соделали для нас восходом на небеса.

И иным еще способом, по некоему суду и правде воздвиг Господь сей трофей и даровал нам сию дверь и сей путь. Ибо Он не силою похитил тленных, но дал за них выкуп и связал сильного не тем, что имел большую силу, но осудив его судом праведным, воцарился в доме Иакова, разрушив в душах людей насильственную власть не потому, что возмог разрушить, но потому, что справедливо было разрушить ее. И на сие указал Давид, говоря: «Правда и судьба уготование престола» (*Пс.88:15*). Правда не только растворила сии врата, но и достигла чрез них до нашего рода. Ибо в первые времена, прежде, нежели Бог пришел к людям, нельзя было найти правды на земле. Ибо принимал с небеси и искал ее Сам Бог, от Которого она не могла сокрыться, если бы только была, но несмотря на то, не нашел ее: «Вси, – сказано, – уклонишася, вкупе неключими быша, несть творяй благостыню, несть до единого» (*Пс.13:3*). После же того, как истина от земли воссияла сидящим во тьме лжи и сени, тогда и правда с небесе приникла, в первый раз истинно и совершенно явившись людям, и мы были оправданы, освободившись прежде всего от уз и наказания, когда не сотворивший неправды защитил нас смертью крестной, в которой понес наказание за то, что сделали мы дерзостного; потом чрез оную же смерть сделались мы и друзьями Божиими и праведными. Ибо Спаситель Своею смертью не только освободил нас и примирил Отцу, ни и дал нам область чадом Божиим быти, с Собою соединив естество наше посредством плоти, которую восприял, каждого из нас соединяя со Своею плотью силою таинств. И таким образом Свою правду и жизнь низвел в души наши, так что посредством священных таинств возможно стало людям познавать и совершать истинную правду. Если же по Писанию были многие праведные и други Божии прежде пришествия Оправдывающего и Примиряющего, нужно разуметь сие преимущественно по отношению к будущему, именно, что они соделались таковыми и приготовлены были прибегать к имеющей открыться правде и освобождены, когда даровано было искупление, узрели, когда явился свет, и отрешились от образов, когда открылась истина. И в том различие между праведными и злыми, которые в одних находились узах и тому же подлежали рабству, что одни с неудовольствием переносили оное порабощение и рабство и молились, чтобы разрушено было узилище и разрешились оные узы, и желали, чтобы глава тирана сокрушена была пленниками, а другим ничто настоящее не только не казалось странным, но они еще и утешались, находясь в рабстве.

И в оные блаженные дни были подобные им, кои не приняли воссиявшего в них солнца и старались, сколько можно, погасить его, делая все, что, по их мнению, могло уничтожить лучи его. Почему одни освободились от рабства ада, когда явился царь, другие же остались в узах? Как из болящих те, кои всячески ищут врачевания и с удовольствием видят врача, обыкновенно бывают лучше и терпеливее тех, кои даже и не знают, что они больны и удаляются от лекарств, ибо таковых, кажется мне, врач, еще не врачуя, назовет уже выздоравливающими, если только не сознает, что его искусство бессильно болезни. Таким же образом в оные времена Бог призывал некоторых праведных и возлюбленных Ему. Ибо со своей стороны они сделали все и показали возможную правду, что и соделало их достойными разрешения, когда явится Могущий разрешить, но не разрешило их. Если бы это была истинная правда, то и они, отложив тело сие, были бы в мире и в руке Божией, говорит Соломон (*Прем.9:13–15*); теперь же, когда отходили они отсюда, их принимал ад. Ибо истинную правду и содружество с Богом, не как прежде бывшую в чуждых странах только, возвратил Владыка наш, но Сам ввел ее в мир, и путь, возводящий на небо не как прежде существовавший только нашел, но Сам проложил его. Ибо если бы путь сей существовал, то и иной кто-либо из прежних открыл бы его; теперь же «никтоже взыде на небо, токмо сшедый с небесе Сын человеческий, сый на небеси» (*Ин.3:13*). Поелику же прежде креста нельзя было найти отпущения грехов и освобождения от наказания, – как можно было думать о правде? Ибо несообразно, думаю, было бы прежде примирения стать в лике друзей и еще обложенных узами прославлять увенчанными, словом, если бы все сие совершил агнец оный (пасхальный), какая была бы нужда в сем последующем? Когда бы тени и образы доставляли искомое блаженство, излишни были бы истина и дела. Даже то самое, что смертью Христа разрушена вражда и уничтожено средостение, и мир и правда воссияли во дни Спасителя и все подобное сему, какое бы имело место, если бы прежде жертвы оной были други Божии и праведные? И доказательство сему следующее. Ибо тогда закон соединял нас с Богом, а теперь вера и благодать и сему подобное. Отсюда ясно, что тогда было рабство, а теперь сыновство и содружество служат общением людей с Богом, ибо закон для рабов, а для друзей и сынов – благодать и вера и дерзновение. Из всего этого становится ясным, что перворожденный из мертвых есть Спаситель и никто из умерших не мог ожить в бессмертную жизнь, когда еще не воскрес Он. Подобным образом и к освящению и правде руководит людей один Он, и сие показал Павел, написав: «Предтеча о нас вниде во святая Христос» (*Евр.6:20*). Ибо вошел в святая, Себя самого принося Отцу, и вводит желающих, приобщившихся Его смерти, умерших не как Он, но в купели изобразивших оную смерть и возвестивших некоторым образом помазанных и благоухающих Самым умершим и воскресшим. И сими вратами вводя в Царство, ведет их и к венцам.

Сии врата много досточестнее и удобнее врат райских. Те не отверзаются ни для кого, кто не прошел прежде чрез сии врата, а сии отверсты и тогда, когда заключены те. Те могут и вон выводить – сии вводят только, а не выводят никого. Те и могли быть заключены и опять отверзлись, а в сих навсегда разрушены и уничтожены завеса и средостение и нельзя уже восстановить преграду и приделать двери и стеною отделить миры один от другого. И не просто отверзлись, но и «разверзлись небеса», сказал чудный Марк (*Мк.1:10*), показывая, что не осталось уже ни дверей, ни затворов, ни завесы какой-либо. Ибо примиривший и соединивший и умиротворивший высший мир с низшим и средостение ограды разрушивший, не может отречься Самого Себя, говорит блаженный Павел (*2Тим.2:13*). Ибо те врата, кои отверсты были ради Адама, конечно, надлежало заключить, когда Адам не пребыл в том, в чем должен был пребыть. А сии отверз Сам Христос, который не сотворил греха и не может согрешить, ибо правда Его, сказано, пребывает во веки. Посему совершено необходимо, чтобы они оставались отверстыми и вводили в жизнь, а выхода из жизни не доставляли никому. Ибо «Аз приидох, – сказал Спаситель, – да живот имут» (*Ин.10:10*), а жизнь, которую принес Господь, состоит в том, чтобы приходящих посредством сих таинств соделать участниками Своей смерти и причастниками страданий, а без сего никому нельзя избежать смерти. Ибо не крещеному водою и Святым Духом нельзя войти в жизнь, равно и не вкушающие Плоти Сына Человеческого и не пиющие Его Крови не могут иметь жизни в себе самих.

И посмотрим выше. Жить в Боге еще не умершим для грехов невозможно, а умертвить грех возможно только одному Богу. Ибо сделать сие надлежало бы людям, ибо будучи праведными, мы способны были бы, потерпев поражение, возобновить борьбу, но сие сделалось совершенно невозможно и не по силам нашим, когда мы сделались рабами греха. Каким же образом сделаемся мы лучшими, оставаясь в рабстве? И хотя бы сделались лучшими, но раб не больше господина своего. Поелику же тот, кому следовало уплатить сей долг и одержать сию победу, был рабом того, над кем надлежало получить власть чрез борьбу, а Бог, для Которого возможно сие, никому не был должен, потому ни тот, ни другой не предпринимал борьбы и грех жил, и невозможно было уже, чтобы воссияла для нас истинная жизнь, эта победная награда, с одной стороны, имеющего долг, с другой – имеющего силу; потому надлежало соединиться тому и другому и одному и тому же иметь оба естества: и подлежащее брани и могущее победить. Так и сделалось. Бог Себе присвояет борьбу за людей, ибо Он человек, а человек побеждает грех, будучи чист от всякого греха, ибо Он был Бог. И таким образом естество освобождается от поношения и облагается венцом победы, когда пал грех. А из людей хотя никто не победил и не боролся, несмотря на сие, люди разрешены от оных уз; сотворил же сие Сам Спаситель тем, что доставил Он, чем каждому из людей дал власть умерщвлять грех и соделываться общником Его победы. Поелику после оной победы надлежало быть увенчану и торжествовать, а Он испытал раны и крест и смерть и прочее, как говорит Павел: «Вместо предлежащая Ему радости претерпе крест, о срамоте нерадив» (*Евр.12:2*), что же случилось? Он не сделал никакой неправды, за которую бы нести такое наказание и не имел в себе ничего такого, в чем мог бы обвинить Его клеветник самый бесстыдный, а раны и скорбь и смерть изначала измышлены были за грехи. Как же допустил сие Владыка, будучи человеколюбив? Ибо благости не свойственно утешаться страхом и смертью. Потому вслед за грехи допустил Бог смерть и скорбь, чтобы не столько наказание налагать на согрешившего, сколько предлагать врачевство заболевшему. Поелику же к делам Христовым нельзя было применить сего наказания и Спаситель не имел в Себе никакого следа немощи, которую нужно было бы уничтожить принятым врачевством, то на нас переходит сила сей чаши и умерщвляет находящийся в нас грех и раны невинного становятся наказанием за повинных во многом. И поелику наказание было велико и удивительно и гораздо больше, нежели столько нужно было, чтобы вознаградить за человеческое зло, то оно не только от наказания освободило, но принесло такое обилие благ, что на самое небо восходят и там приобщаются Царства Божия сущие от земли, враждебные, связанные, порабощенные, побежденные. Ибо драгоценна была оная смерть, насколько человеку нельзя и понять, хотя за малую некоторую цену куплена была убийцами по соизволению Спасителя, чтобы и сие восполнило его убожество и бесчестие, дабы чрез продажу претерпев свойственное рабам, сокровиществовать поношение. Ибо приобретением почитал бесчестие за нас, а маловажностью цены означается, что туне и даром принял Он смерть за мир. Добровольно умер никому не сделавший неправды ни в чем, ни в отношении к жизни, ни к обществу, предначав и для убийц благодеяния много превышающие все желания и надежды.

Но что я говорю о сем? Умер Бог, кровь Божия излита на кресте. Что может быть драгоценнее сей смерти, что страшнее ее? Чем столько согрешило естество человеческое, что нужно было такое искупление? Какова должна быть язва, что для уврачевания ее нужна была сила такого врачевства? Ибо надлежало, чтобы грех был искуплен каким-либо наказанием и чтобы только понесшие достойное наказание за то, в чем согрешили пред Богом, избавлены были от осуждения. Ибо уже не может быть обвинен наказанный в том, за что понес наказание, из людей же нет никого, кто будучи чист, сам потерпел бы за других, так как никто не в силах вынести надлежащее наказание ни за самого себя, ни весь род человеческий, хотя бы как можно было ему умереть тысячекратно. Ибо какая цена в том, что пострадает ничтожнейший раб, сокрушивший царский образ и оскорбивший его величие? Посему безгрешный Владыка, претерпев многие страдания, умирает и несет язву, приняв на Себя защиту людей, как человек, освобождает же весь род от осуждения и дарует связанным свободу, потому что Сам не имел в ней нужды, будучи Богом и Владыкою.

А почему именно истинная жизнь нисходит в нас через смерть Спасителя, это видно из следующего. Способ, каким мы привлекаем ее в наши души, есть тот, чтобы совершаться таинствами, омываться, помазываться, наслаждаться священною трапезою. К совершающим сие приходит Христос и водворяется в них и соединяется с ними и прилепляется к ним и исторгает в нас грех и влагает Свою жизнь и силу и соделывает общниками победы – о благость – омываемых препоясывает и вечеряющих похваляет. Почему же и по какой причине от купели и мира и трапезы победа и венец, которые суть плод трудов и пота? Потому что хотя мы не подвизаемся и не трудимся, совершая сие, но прославляем оный подвиг и удивляемся победе и прославляем трофей и оказываем весьма великую и неизреченную любовь. И раны оные и наказание и смерть усвояем себе и сколько возможно. Привлекаем их в себя и бываем от плоти Умершего и Воскресшего. Почему справедливо наслаждаемся оными благами, кои от смерти и оных подвигов. Ибо если кто, проходя мимо мучителя, уловленного и ожидающего казни, хвалит его и удостаивает венца и оказывает уважение его мучительству и сам думает умереть с его падением и вопиет против законов, негодует на правду и делает сие не со стыдом и не скрывая своей злобы, но явно говоря и свидетельствуя и указывая на него, какого приговора почтем его достойным? Не накажем ли так же, как и мучителя? Очевидно, так. Совершенно противное сему, если кто удивляется храброму, радуется о победителе и сплетает ему венцы, возбуждает крик одобрения и потрясает театр и с удовольствием припадает к торжествующему и лобызает его голову и целует его десницу и весьма восторгается о воителе и о победе, им одержанной, как будто бы ему самому надлежало украсить свою голову венцом. Не будет ли он от благомыслящих судей признан участником в наградах победителя, как тот, думаю, разделит с мучителем наказание? Если касательно злых сохраним то, что должно, требуя наказания за намерение и помышление, не будет сообразно лишить и добрых следующего им. Если же прибавить и то, что приобретший оную победу сам не нуждается в наградах за победу, а всему предпочитает то, чтобы видеть славным на позорище своего ревнителя и то почитает наградою за свой подвиг, чтобы увенчан был друг его, ужели неправедно и незаконно сей последний без труда и опасностей принял бы венец за войну? А это может сделать для нас сия купель и трапеза и благоразумное наслаждение миром. Ибо приступая к таинствам, мы мучителя порицаем и презираем и отвращаемся, а победителя хвалим и удивляемся Ему и почитаем и любим Его всею душою, так что обилием желания жаждем Его, как хлеба, помазуемся, как миром, и, как водою, окружаемся. Явно же, что если за нас вступил Он в борьбу и дабы победили мы, Сам претерпел смерть, то нет ничего несообразного и несогласного в том, чтобы чрез сии таинства доходили мы до венцов. Мы показываем возможную готовность и, слыша о воде сей, что она имеет силу смерти Христовой и погребения, веруем всесовершенно и приступаем охотно и погружаемся, а Он, ибо немалое дает и немалого удостаивает, приступающим с любовью сообщает то, что было следствием смерти и погребения, не венец какой-либо доставляя, не славу даруя, но Самого Победителя, Себя Самого увенчанного, И выходя из воды, мы Самого Спасителя несем в наших душах, в голове, в очах, в самых внутренностях, во всех членах, чистого от греха, свободного от всякого тления, каким Он воскрес и являлся ученикам и вознесся, каким приидет опять, обратно требуя от нас сего сокровища.

А чтобы мы, будучи так рождены и запечатлены от Христа как бы некоторым видом и образом не внесли никакого чуждого вида, Он Сам охраняет входы жизни. И посредством чего мы, принимая воздух и пищу, помогаем жизни тела, чрез то же самое и Он проникает в наши души и Своими делает оба сии входа, одного касаясь, как миро и благоухание, другого – как пища. Ибо мы и вдыхаем Его и пищею бывает Он для нас, и таким образом всячески внедряя Себя в нас и соединяя Себя с нами, соделывает нас Своим Телом. И бывает для нас тем же, чем глава для членов. Потому и благ всех приобщаемся мы в Нем, ибо Он глава, а принадлежащее голове необходимо переходит и в тело. И сему нужно удивляться, что мы не участвуем с Ним в язвах и смерти, но один Он подвизался, а когда надлежит увенчаться, тогда Он делает нас Своими сообщниками. И сие дело неизреченного человеколюбия не превышает разума и сообразности. Ибо мы соединились со Христом уже после креста, а когда Он еще не умирал, не было у нас ничего общего с Ним. Ибо Он – Сын и Возлюбленный, а мы – оскверненные, и рабы, и своими помыслами являющиеся Ему врагами; когда же Он умер и отдана была цена искупления и разрушено было узилище диавола, тогда мы получили свободу и усыновление и соделались членами оной Блаженной Главы. А от сего принадлежащее Главе делается и нашим. И теперь посредством сей воды мы переменяемся в безгрешных, посредством мира участвуем в Его благодеяниях, посредством трапезы живем одной с Ним жизнью, и в будущем веке мы боги чрез Бога и наследники одного и того же с Ним, Царствующие в одном с Ним Царстве, если только добровольно сами себя не ослепим в сей жизни и не раздерем царского хитона. Ибо с нашей стороны то только требуется для сей жизни, чтобы соблюдать дары и хранить благодеяния и не сбрасывать венца, который сплел для нас Бог со многим потом и трудом. Такова жизнь во Христе, которую поддерживают таинства. Ясно же, сколько имеет для нее силы и человеческое усердие, почему желающему говорить о ней прилично прежде рассудить о каждом из таинств, потом по порядку сказать и о действовании по добродетели.

КАКОЕ СОДЕЙСТВИЕ ОКАЗЫВАЕТ ЕЙ БОЖЕСТВЕННОЕ КРЕЩЕНИЕ

Что священная жизнь образуется священными таинствами, это показано в предыдущем, а теперь посмотри, как каждое из таинств вводит в сию жизнь. Ибо жизнь во Христе есть самое соединение со Христом, а каким образом каждое таинство принимающих его соединяет со Христом, о том и будем говорить.

Со Христом соединиться, ради чего и пришел Спаситель, всячески возможно тем, кои приходят к Нему, ради чего и все терпят и соделываются такими, как и Он Сам. Он соединился с плотью и кровью, чистыми от всякого греха и от начала будучи Богом по естеству, Он обожил и то, чем сделался после, то есть человеческое естество, а умирая, Он умер и плотью и воскрес. И так желающему соединиться с Ним надлежит и плоть Его принять и в обожении участвовать и гробу приобщиться и воскресению. А затем и крестимся мы, чтобы умереть Его смертью и воскреснуть Его воскресением; помазываемся же, дабы соделаться с Ним общниками в царском помазании обожения. Когда же мы питаемся священнейшим Хлебом и пием божественную Чашу, сообщаемся той самой плоти и той самой крови, которые восприняты Спасителем и таким образом соединяемся с Воплотившимся за нас и Обоженным и Умершим и Воскресшим. Почему же мы не сохраняем того же самого, как и Он порядка, но начинаем оттуда, где Он окончил, и оканчиваем тем, чем Он начал? Потому, что Он сошел затем, чтобы мы взошли, и хотя один и тот же предлежит путь, но Его делом было сойти, а мы восходим подобно тому, как на лестнице что было для Него последним, когда Он сходил, то становится для нас первым, когда мы восходим. Иначе и быть не может по самому делу. Ибо крещение есть рождение, миро бывает в нас причиною действования и движения, а хлеб жизни и чаша благодарения есть пища и истинное питье. Прежде рождения нельзя иметь движения или питаться. Кроме сего, Крещение примиряет человека с Богом, миро удостаивает даров от Него, а сила трапезы Плоть Христову и Кровь сообщает принимающему таинство. Прежде же примирения невозможно стать вместе с другими и удостоиться дарований, какие им приличны, и нельзя безгрешную пить Кровь и вкушать Плоть тем, кои подвластны лукавому и грехам. Потому мы сперва омываемся, потом помазуемся, и таким образом, когда мы бываем уже чисты и благоуханны, приемлется нами трапеза. О сем довольно.

Посмотрим еще на каждое из таинств, какое содействие доставляют они священной жизни и, во-первых, на Крещение – что может внести оно в нашу жизнь.

Креститься значит родиться во Христе и получить самое бытие и существование тем, кои еще не существуют. Уразуметь сие можно многими способами. И во-первых, из порядка, потому что к этому таинству мы приступаем прежде прочих таинств и прежде других оно вводит христиан в новую жизнь, во-вторых – из имен, которыми называем его, и в-третьих – из того, что в нем совершается и поется.

С самого начала установлен тот порядок, чтобы сперва омываться, потом, помазавшись миром, приступать к священной трапезе, что служит сильным доказательством того, что купель есть начало жития, основание жизни и тому подобное предуготовление. Потому и Сам Христос, так как со всем прочим, что принял за нас, необходимо было Ему и креститься, принимает Крещение прежде прочего. И наименования сего таинства к чему иному могут привести? Мы называем его и рождением (gennesis), и возрождением (anagennesis), и воссозданием (anaplasis), и печатью (sphragis), кроме того, крещение есть и одеяние (endymi), и помазание (chrisma), и дар (charisma), и просвещение (photisma), и купель (loytron) – все же сие имеет один и тот же смысл, что таинство сие для сущих и живущих по Боге есть начало бытия их. Ибо рождение, кроме сего понятия, конечно, не может означать ничего иного, и возрождение и воссоздание обозначают одно то, что рожденные уже и созданные рождаются и в другой раз и потерявшие образ теперь вторым рождением возвращаются прежнему виду подобно тому, как художник, придав вид веществу разбитой статуи, возрождает образ и воссозидает его. Потому что и самое дело Крещения в нас есть вид и образ, ибо оно начертывает вид и напечатлевает образ на душах наших, являя их сообразными смерти и воскресению Спасителя, почему именуется печатью, так как образует по подобию царского образа и блаженного вида, поелику же сей вид облекает вещество и сокрывает безобразие, потому таинство сие называем одеждою и погружением (Baptisma). И Павел, объясняя то, что одежда и печать указывают на сие таинство, иногда говорит, что Христос написуется и воображается в христианах, иногда – что облекает их подобно одежде. Сказано также о приемлющем таинство, что он облекается и погружается. Первое – в послании галатам: «Чадца моя, имиже паки болезную, до́ндеже вообразится Христос в вас» (*Гал.4:19*), и «Иисус Христос преднаписан бысть, в вас распят» (*Гал.3:1*); другое в том же послании: «Елицы во Христа крестистеся, во Христа облекостеся» (*Гал.3:27*). Ибо золото и серебро и медь, пока не потечет, расплавившись от огня, представляет взору только вещество, потому и называется золотом или медью, что служит именованием вещества. Когда же образовательными формами сжато будет в определенный вид, тогда, прежде всего, представляется взору уже не вещество, а определенный вид, подобно одеждам на теле, почему получает и особое какое-нибудь наименование, ибо называется уже статуей или перстнем, или чем-нибудь подобным, что означает уже не вещество, а только вид и образ. Потому, может быть, и спасительный день Крещения называется у христиан днем наречения имен (onomasterios), потому что тогда мы образуемся и запечатлеваемся, и жизнь наша, не имеющая образа и определенного вида, получает и вид и предел. Иначе, будучи тогда познаны Знающим своих и, как говорит Павел, «познавше Бога, паче же Познани бывше от Бога» (*Гал.4:9*), мы слышим в тот день знаменующее слово – проименование, так как тогда мы истинно бываем познаны, ибо быть познану (gnosthenai) Богом значит быть истинно знаменитым (gnorimos).

Почему о тех, кои не имеют ничего общего с сею жизнью, Давид сказал: «не помяну имен их устнама моима» (*Пс.15:4*), ибо незнаемы и неявлены те, кои поставили себя вдали от оного света. Ибо ни для глаз, без света не бывает ничего ясным из того, что может быть видимо, ни для Бога не бывает ведом тот, кому не случится принять луча оттуда. А причина та, что на самом деле совершенно не существует то, что не бывает явно для оного света, как по сему слову: «позна Господь сущия своя» (*2Тим.2:19*), так и в другом месте говорит Он, что «не знает юродивых дев» (*Мф. 25, 12*).

Крещение потому есть просвещение (photisma), что доставляя истинное бытие, соделывает ведомыми Богу и руководя к оному свету, удаляет от темного зла. Потому оно есть купель, что оно просвещение, ибо дозволяет свету сообщаться непосредственно, когда всякую нечистоту, которая затеняет от душ наших Божественный луч, уничтожает как некое средостение. А дар (charisma) оно потому, что оно есть рождение, ибо может ли кто заплатить что-нибудь за свое рождение? Потому если кто захочет рассудить, увидит, как бывает при естественном рождении, так не можем мы привнести и самого желания благ Крещения. Ибо мы желаем того, о чем можно помышлять, а сие и на сердце человеку не приходит и рассуждать о сем невозможно прежде, нежели познаем на опыте. Ибо слыша об обещанной свободе и царстве, мы помышляем о некой благополучной жизни, которую можно обнять человеческим помыслом, а на самом деле это есть нечто совершенно иное, высшее и мысли и желания нашего. Помазание (chrima) оно потому, что помазанного для нас Христа оно написует в нас, приемлющих таинство; оно есть и печать (sphragis), отпечатлевающая самого Спасителя. Ибо помазание отовсюду по своему образу проникая в тело приемлющего и усвоившись ему, соделывает помазанного знаменованным и показывает вид его и составляет поистине печать. Из сказанного видно, что от рождения оно может быть названо печатью, равно как и от печати – одеянием и погружением, поелику же и благодатный дар, и просвещение, и купель относятся к одному и тому же, как творение и рождение, ясно, что всякое наименование крещения означает одно то, что купель есть рождение и начало новой жизни нашей во Христе. А что совершаемое и произносимое в таинстве имеет тот же самый смысл, сие явно будет для тех, кои подробно рассмотрят таинство.

Ясно, что приступающий к таинству прежде, нежели получил таинство, еще не примирен с Богом, еще не освобожден от древнего поношения. Ибо когда приступает он, совершающий таинство прежде, нежели совершить что-либо таинственное, молится об освобождении его от обдержащего демона и не с Богом только беседует о нем, но и диавола злословит и, бичуя, изгоняет его. А бич для него есть «имя, еже паче всякаго имене» (*Флп.2:9*). Тому нельзя быть живым и сыном и наследником, кто еще раб мучителя, ибо кто сопребывает с лукавым, тот, конечно, совершенно удален от Бога, а это значит быть вполне мертвым. Посему, так как жизнь еще совсем не получена, совершитель таинства подходя, дует на лицо, ибо дыхание от начала есть признак жизни. И прочее все сообразно с сим, ибо все свойственно тем, ком как бы недавно восстали и отвращаются настоящего и находящегося под руками, а обращаются к иному. Ибо им должно в отношении к мирам один презреть, другой – почтить, и в отношении к жизни от одной отказаться, другою начать жить, и в отношении к вождям жизни одного всячески избегать, к другому со всею ревностью стремиться. И так из того, что отвергается настоящее, ясно видно, чего отрицается еще и теперь не изменившийся, а тем, что чрз сие таинство получает то, что кажется ему лучшим и что предпочел он настоящему, показывает, что Крещением начинает он достохвальную жизнь. Ибо входя в священный дом, отлагает одежду и развязывает сандалии, одеждою с сандалиями, которые вспомоществуют в жизни, означая прежнюю жизнь. Потом, смотря к западу, выдувает из уст дыхание, знак жизни во тьме, протягивает руки и отталкивает лукавого, как бы он тут был и наступал, и плюет на него, как на нечистого и омерзительного, и отрицается всяких вражеских и неверных и ко всякой гибели виновных союзов и расторгает вполне горькое содружество и объявляет ему вражду. И потом бежит от тьмы и прибегает ко дню, и обратившись к востоку, ищет солнца и, освободившись от рук мучителя, покланяется царю и, отвергшись чуждого, познает своего владыку и молится, чтобы покориться ему и служить ему всею душою, а прежде сего веровать в него как Бога, познать о нем, что нужно. Ибо начало блаженной жизни есть истинное познание о Боге: «еже бо знати тебе..., – говорит Соломон, – корень есть бессмертия» (*Прем.15:3*), так как, напротив, неведение Бога внесло смерть в начале. Ибо поелику Адам, не зная Божественного человеколюбия, подумал, что Благий завистлив, и, забыв о премудрости, думал скрыться от Премудрого, и, презрев Владыку, прилепился к беглому рабу и за сие изгнан был из рая и лишился жизни и подвергся скорбям и умер, потому поспешающему к жизни и к Богу всячески необходимо быть приведену к познанию Бога. А совершенным обнажением и отложением последнего хитона мы показываем, что касаемся пути, ведущего в рай и к жизни райской. Ибо Адам от блаженного оного одеяния дошедший до наготы, от нее дошел до бедственной оной одежды, а мы от кожаных оных одежд переходя к наготе и выходя на самую середину, открыто выступаем, чтобы возвратиться на тот же самый путь и поспешить к царской одежде; и откуда и ради чего Адам нисшел в мир сей, чрез то же самое мы выходим отсюда. Может, обнажение служит знамением и того, что теперь чисто приступаем к истинному свету, не закрываясь ничем таким, откуда мрак смерти и все то, что заслоняет блаженный оный луч от душ человеческих, подобно тому, как одежды составляют некоторую преграду между тем светом и телами. Равно и помазание елеем может быть знаком и иного чего-нибудь, может относиться к следующему. Вспомним камень Иакова, который он, помазав елеем, принес Богу, вспомним также царей и священников, кои им же освящались для общества и Бога и которые жили совсем не для себя, а для Бога и общества, ради чего и были поставляемы. И мы собственную свою жизнь и нас самих уступаем Богу, а сие значит, отвергши древний вид, соделаться подобными ему. И кроме этого, этот символ вполне свойствен и приличен имени христианина, ибо мы помазываемся и желаем уподобиться Христу, который Божеством помазал человечество, почему сим помазанием сообщаемся его помазанию; а что сие помазание есть знак оного помазания, это показывает совершающий таинство в тех словах, которые поет, помазуя приступающего к таинству. Ибо это слова, коими Давид указывает на оное помазание и Царство. Ибо священник говорит: Помазуется сей, – разумея приемлющего таинство, – елеем радости, а Давид сказал о Спасителе: «помаза Тя, Боже, Бог Твой елеем радости паче причастник твоих» (*Пс.44:8*), причастниками называя нас, коих по человеколюбию делает общниками Царства.

До сего времени мы еще не живы, ибо для принимающего таинство все сие служит знамением и некоторым предварением и приготовлением к жизни. После же того, как приемлющий таинство сокрывшись в воде, троекратно поднимается из нее с призыванием Троицы, тотчас он получает все желаемое: и рождается и создается рождением дня и созданием, как сказал Давид, и приемлет прекрасную печать и имеет всякое желаемое благополучие и становится светом, бывши прежде тьмою, и начинает существовать прежде бывший ничем и усвояется и сынополагается Богу, от уз и крайнего рабства будучи возведенным на царский престол. Ибо сия вода одну жизнь погубляет, другую же создает, и ветхого человека умерщвляет, а нового восстановляет. Для испытавших это ясно из самых дел, потом и видимое при таинстве во всем представляет выражение сего. Ибо когда погружаясь в воду, человек сокрывается, он, по-видимому, убегает жизни в воздухе, а убегать жизни значит умирать; когда же опять поднимается, стремится, по-видимому, к жизни в соприкосновении с воздухом и светом и тотчас получает ее. Потому и Творца призываем здесь, что совершающееся есть начало жизни, второе творение, много лучше первого. Ибо тщательнее прежнего написуется образ, и статуя образуется в яснейший Божественный вид. Посему надлежит, что Первообраз, было указано, теперь совершеннее. Ибо крещающие, призывая при купели Бога, возглашают не общее Троице во имя Бога, что не совсем ясно и раздельно для богословствующих, а тщательно и точно указывают свойства каждой из ипостасей. Также и по следующей причине, ибо хотя Троица по единому человеколюбию спасла род человеческий, но вместе с тем говорят, что каждая из Блаженных ипостасей привнесла к сему некое собственное содействие. Ибо Отец примирился, Сын примирил, а Дух Святой соделался даром для сделавшихся уже другими. Один освободил, Другой – цена, за которую мы освобождены, а Дух – свобода: «идеже Дух Господень, ту и свобода» (*2Кор.3:17*), – говорит Павел. И Один сотворил, Другим мы сотворены, а Дух животворит, потому и в первом творении Троица изобразилась как бы в сени. Один творил, Другой был рукою для Творящего, а Утешитель – духом для Вдыхающего жизнь. И что я говорю сие? В одном ли сем из Божественных действий различается Бог? Из многого, чем от века благотворил Бог твари, не найдешь ничего такого, что относилось бы только к Отцу или к Сыну или к Духу, но все обще Троице, поелику все отделывается единою силою и промыслом и творчеством. В домостроительстве же и восстановлении нашего рода сие было новое, что и восхотело нашего спасения и промыслило, как должно сие совершиться, вся вообще Троица, а действует не вся вообще. Ибо Совершитель есть не Отец и не Дух, а одно Слово и Один единородный приобщился плоти и крови и потерпел биения, и скорбел, и умер, и воскрес, чем оживлено естество и установлено Крещение, сие новое рождение и воссоздание. И так тем, кои получают священное воссоздание, которое одно показало Бога разделенным, должно при Божественной купели призывать Бога, разделяя Ипостаси (во имя Отца и Сына и Святого Духа). А при крещении что воспоминаем мы, как не домостроительство и особенно сие? Поистине, но не тем, что говорим, а тем, что делаем. Ибо когда человек, погружаясь трижды, возникает из воды, кто не видит, что сим указывает на тридневную смерть Спасителя и воскресение, что составляет конец всего домостроительства? Не напрасно, думаю, учение о Боге провозглашаем, а домостроительство в молчании показываем делами. Ибо одно было от начала и в познание людей приходит через голос, а другое совершено и было видимо для глаз людей и даже осязаемо руками. Почему блаженный Иоанн, зная, что то и другое – одно и то же в отношении к двоякому Спасителю, сказав: «еже бе исперва, еже слышахом, – прибавил, – еже видехом очима нашима, и руки наша осязаша, о словеси животнем» (*1Ин.1:1*). Кроме того, в учение о Боге должно только веровать, а обнаруживается вера словами, ибо, сказано: «сердцем... веруем в правду, усты же исповедуем во спасение» (*Рим.10:10*), а домостроительству необходимо нужно и подражать и показывать в делах. Ибо должно, как сказано, «последовать стопам» (*1Пет.2:21*) за нас Умершего и Воскресшего.

Посему Троицу изображаем голосом, а страсть и смерть написуем на теле водою, преобразуя самих себя в блаженный оный вид и образ. Не неявно, из сказанного, что во всем, касающемся Крещения: и в порядке его и в именах, коими называем его, и в совершаемом при нем и воспеваемом, – познаем то, что жизнь во Христе получает начало бытия от купели. Остается рассмотреть, что значит самое бытие жизни. Ибо, поелику одно теряем, другим становимся, одно отвергаем, другое сохраняем, то когда ясно будет, в чем состоит то и другое, будет ясно и то, что значит существовать во Христе.

Итак, одно есть грех, другое – правда, одно – ветхий человек, другое – новый. Рассудим же о сем тщательнее. Так как грех двояк и проявляется в том и другом, бывает в действиях и состоит в привычке, а самое действие не остается надолго и не пребывает, но как скоро совершено, его и нет уже; подобно тому, как стрела пролетает вместе с самым ударом, оставляет же она рану на подлежавших ее действию: образы зла и стыд, и повинность суду. А привычка к худым действиям, как болезнь, приставшая душам от худой жизни, бывает постоянна и связывает душу неразрешимыми узами и порабощает мысль и производит все самое худшее, увлекая пленных ею к самым худым действиям, от которых рождается сама и которая постоянно рождает, будучи рождаема и, рождая в то же самое время как бы в круге. От сего происходит то, что грех бывает нескончаем, когда привычка порождает действия, от умножения же действий возрастает привычка. И таким образом, при постоянном взаимном успехе того и другого зла, «грех убо оживе, аз же умрох» (*Рим. 7:9–10*), поелику не вчера и ныне началось зло, но с тех пор, как существуем мы. Ибо с тех пор, как Адам, поверив лукавому, презрел Благого Владыку и извратил волю, с тех пор и душа погубила оное здоровье и благосостояние, отчего и тело пришло в согласие и в соответствие с душою и было превращено, как орган рукою художника. Ибо душа сообщается с телом теснейшим единением страстей, а признак сего тот, что краснеет тело, когда стыдится душа, и тускнеет тело, когда озабочена душа, поелику же естество наше исходит и род человеческий размножается, происходя от первого оного тела, то происходящим от него телам, как и иное что-либо из естественного, передается и зло, поелику же тело не мимоходом только получает вред от страстей души, но и участвует в них (ибо и радуется душа и скорбит, и целомудренны бывают некоторые и свободны, судя по тому или другому расположению тела), отсюда следует, что душа каждого наследует зло первого Адама, от души его, переданной телу, от тела же его происшедшим от него телам, а от сих тел переходящее на души. И это есть ветхий человек; его, это семя зла, получив от предков вместе с самим бытием, мы не знаем и одного дня чистого от греха, даже и не вздохнем ни разу свободно от зла, но как говорит пророк, «отчуждихомся... от ложесн, заблудихом от чрева» (*Пс.57:4*), не остановились мы на оном несчастном наследии, грехе прародительском, и не удовольствовались теми бедствиями, которые наследовали, но столь много еще приложили зла и умножили лукавое богатство, что последнее закрывает первое и подражатели являются много хуже образцов. И, что важнее всего, никто не получает отдыха от зла, но болезнь идет постоянно и, может быть, по сей причине невозможно, чтобы род человеческий достаточен был для уврачевания самого себя, потому что не вкушал никогда свободы, а не испытав ее, не может придти даже к желанию ее и получить расположение к ней и противостать мучительству. От сих тягчайших уз, от сего осуждения от болезни, от смерти освобождает купель и так легко, что не требует и времени, так всецело и совершенно, что не оставляет и следа, и не только освобождает от зла, но и доставляет противоположное расположение. Ибо тем самым, что умер Сам Владыка, он дал нам власть умерщвлять грех, поелику же воскрес, соделал нас наследниками новой жизни. Ибо смерть оная, поскольку была смертью, умерщвляет лукавую жизнь, поскольку есть казнь, освобождает от наказания за грехи, в которых виновен каждый по своим лукавым действиям.

И таким образом купель являет чистыми от всякого расположения и действия греховного, поскольку делает общниками сей животворящей смерти. Поскольку же и воскресения приобщаемся через купель, Христос дает нам иную жизнь и члены образует и влагает силы, которые нужны для стремящихся к будущей жизни. Ибо чрез сие я совершенно освобождаюсь от преступлений и тотчас получаю здравие, особенно потому, что это дело единственно Бога, Который не применяется ко времени и который не теперь только делает добро, роду человеческому, чтобы не достало ему времени для сего, но уже сделал ему добро. Ибо не теперь несет Владыка наказание за то, в чем согрешили мы, не теперь приготовляет врачевания и образует члены и влагает силы, но уже образовал, и вложил, и приготовил. Ибо с тех пор, как взошел он на крест, и умер, и воскрес, восстановлена свобода людей, утверждены вид и красота, приготовлены новый образ и новые члены, теперь нужно только придти и приступить к благодати. И сие может доставить нам купель: мертвым – жизнь, связанным – свободу, поврежденным – блаженный образ. Цена уплачена, теперь нужно только выйти на свободу, миро излито, и благоухание его наполняет все, остается только вдыхать, даже и дыхание не нужно, ибо и возможность дышать приготовлена Спасителем, равно как и возможность быть разрушену и быть просвещену. Ибо он не свет только воссиял, пришеди в мир, но и глаз приготовил, не миро только излиял, но и чувства даровал. Теперь же священная сия купель усвояет омываемым сии чувства и силы. Ибо подобно веществу безвидному и не имеющему образа, погружаемся мы в воду и в ней вдруг получаем сей прекрасный вид.

Посему вдруг сообщаются нам все блага. Ибо все приготовлено: «обед мой, – сказано, – уготован, юнцы мои и упитанная исколена и вся готова: приидите на браки» (*Мф.22:4*). Остается только придти званым на праздник, а пришедшим что еще нужно для благополучия? Совершенно ничего. Ибо в будущий век мы войдем со Христом уже приготовленные, теперь же входим, чтобы приготовиться. Тогда нужно приходить, уже имея все, а в настоящем веке и безумных призывают к пиршеству и вечери. Тогда невозможно восстать мертвому, прозреть слепому, исправиться поврежденному, а в сей жизни нужно только желание и произволение, и все последует; ибо сказано: «Аз приидох в мир, да живот имут» (*Ин.10:10*), и: «Аз свет в мир приидох» (*Ин.12:46*). И в том неизреченное человеколюбие, что он, совершив все, чем освободил нас, оставил и для нас нечто, чем можем мы приходить в свободу, именно веровать во спасение через Крещение и желать приходить к нему, чтобы за сие вменено было нам все и то, с чем Сам он благосотворил нам, и то, для чего уплатил за нас долг. И когда потом омытым случиться скоро отойти из жизни, ничего не вынося с собою, кроме печати, призывает их к венцам, как бы подвизавшихся ради сего Царства. Отчего освобождает Крещение и как переменяет души, о сем и сказано. Поскольку же и жизнь некоторую дарует ради Воскресшего, посмотрим, какая это жизнь. Прилично ей быть не такою, какою мы жили прежде, но лучшею прежней, свойственною природе. Ибо если прежнюю имеем и теперь, зачем надлежало бы и умирать? Если другую, но имеющую ту же силу – это не значило бы воскреснуть. Если ангельскую – что общего с ними? Ибо человек пал, а человеку падшему сделаться по восстании ангелом не то же, что быть воссозданным человеком. Подобно тому, как если сокрушена статуя и на медь налагается нечеловеческий образ, но иной вид — это значит производить нечто иное, а не статую воссоздавать. Из сего следует, что жизнь сия есть человеческая и новая и лучшая прежней; а все сие соответствует единой жизни Спасителя. Она новая, поелику ничего не имеет общего с ветхою, лучшая, насколько можно помыслить, ибо она Божия; она свойственна и естеству, ибо была она жизнью человека, и живший сею жизнью был и Бог, и человек истинный; и по естеству человеческому чист был от всякого греха. Посему, когда возрождаемся мы, нам совершенно необходимо получить жизнь Христову, посему и безгрешными выходим из воды сей. Это еще и из следующего становится ясным: рождение в Крещении есть начало будущей жизни и приобретение новых членов и чувств есть приготовление к тамошней жизни. А приготовиться к будущему не иначе можно, как здесь уже получив Христа, который соделался Отцом будущего века, как Адам — настоящего, ибо к жизни в тлении довел людей он. Ибо как никому нельзя жить жизнью человеческою, если не получит чувств Адама и человеческих сил к жизни, подобным образом нельзя живущему перейти в блаженный оный мир, если не приготовиться жизнью во Христе, и не будет образован по виду его и по образу его. И иначе купель есть рождение. Рождает он, рождаемся мы, а всякому рожденному известно, свою жизнь влагает рождающий. В сем есть нечто удивительное, ибо не омытые только, но и те, коим не случилось силою таинств приготовиться к бессмертной жизни и вообще все люди украсятся нестареющими телами и восстанут нетленными. Ибо удивительно, что в воскресении, которое введено в мир одною смертью Христовой, будут участвовать те, кои не получили Крещения, чрез которое мы сообщаемся с животворящею смертью. Ибо если убежали от врача и не приняли пособия и отвергли единственное врачевство, что остается у них, что остается у них достаточного для бессмертия? И кажется приличнее быть одному из двух: или чтоб все без изъятия получили все то, виновником чего был для нас умерший Христос и с ним воскресли и сожительствовали ему и соцарствовали ему и имели всякое иное благополучие, если он не имеет нужды в нашем; или, если и нам нужно привнести что-либо, сообразнее, казалось бы, чтобы не принесшие веры в Спасителя и не воскресали.

О сем нужно сказать следующее. Воскресение есть восстановление естества, сие Бог дарует туне. Ибо как создает нас, хотя мы не желали, так и воссозидает, хотя ничего не привнесли прежде. Царство же оное и созерцание Бога и соединение со Христом есть наслаждение желания. Посему доступно только восхотевшим и возлюбившим, и возжелавшим. Ибо им и прилично наслаждаться, когда настанет желаемое ими, а невосхотевшему – невозможно. Ибо как может он и наслаждаться и утешаться, получая то, к чему не имел желания при его отсутствии, поелику он не может тогда ни желать, ни искать, потому что не видит оной красоты и, как говорит Господь, «не может прияти, яко не видит его, ниже знает его»(*Ин.14:17*), так как переходил в оную жизнь слепым и лишенным всякого чувства и силы, которыми возможно и знать Спасителя и любить и желать пребывать с ним и иметь к тому силу. Посему не должно удивляться, если все будут жить бессмертно, но не все блаженно, потому что промышлением Божиим о природе наслаждаются все вообще одинаково, а дарами, укращающими хотение, одни только благочестивые в отношении к Богу. А причина та, что Бог желает всем всякого блага и всем равно раздает свои дары: и такие, коими благодетельствует, и те, коими исправляет естество; а мы все и не желая, получаем благодеяния Божии, касающиеся естества нашего, потому что не можем избежать их. Ибо и не желающим благотворит и принуждает человеколюбно, и хотя бы хотели отказаться от благодеяния, но не можем.

Таков дар воскресения, ибо не в нашей воле состоит не родиться и после смерти воскреснуть ли опять или не воскреснуть. А что зависит от хотения человеческого, то есть избрание добра, отпущение грехов, исправление нрава, чистота души, любовь, – наградою за сие служит последнее блаженство. А получить его или удалиться от него в нашей власти, почему желающим можно, а не желающим как возможно наслаждаться сим? Ибо нельзя хотеть против воли и быть принуждену к желанию, особенно же по следующей причине. Ибо поелику один Господь освободил естество наше от тления, душу от греха, одно – тем, что соделался перворожденным из мертвых, другое – тем, что предтечею о нас вошел во святая святых, так как он умертвил грех и примирил с нами Бога и средостение разрушил и за нас посвятил Самого себя, да и мы будем священны воистину. Ясно, что одни по праву освобождаются от тления и греха, которые сообщаются с ним желанием и естеством в одном отношении как люди, в другом как возлюбившие явление его и страсть, повинующиеся велениям его и возжелавшие того же, что он. А которые одно имеют, а другое не получили – людьми случилось им быть, а веровать во Спасителя во спасение и сообщаться с Благим волею им не случилось, сии поелику отступили разумом, естественно должны быть лишены отпущения грехов и венцов правды, а получить им оную свободу и воскреснуть нет уже препятствия, так как они имеют то же естество, какое и человек – Христос. Ибо Крещение есть причина только божественной жизни во Христе, а не просто жизни. Ибо просто бессмертную жизнь одинаково доставляет всем Христова смерть и воскресение. Посему воскресение есть дар общий всем людям, а отпущение грехов и венцы на небесах и Царство получают только те, кои оказывают вспомоществующее содействие, кои здесь располагают себя так, какими нужно быть для оной жизни и брачного чертога. Они рождены вновь потому, что от нового оного Адама сияют добротою и сохраняют красоту, которую даровала им купель, потому что он «красен добротою паче всех сынов человеческих» (*Пс.44:3*), и голову держат прямо, подобно олимпийским борцам, потому что он есть венец; имеют они слух, потому что он – Слово; имеют очи, потому что он – солнце; имеют обоняние, потому что Жених есть миро и миро излиянное; честны же они и в одеждах ради брака. Да будет! Это же ведет и к другому вопросу, который несправедливо оставить без внимания. Ибо если необходимо возжелать и уверовать и придти к дарам крещения, и это одно соделывает способным получить рождение, а удаляться от сего значит удалиться всего оного блаженства, то тех, кои отреклись после принятия и солгали в прежнем разуме и отвертись Христа, но, познав, в чем согрешили, прибегают к церкви, казалось бы, следовало опять приводить к купели и снова совершать над ними таинство, как над потерявшими все, а между тем, по священному закону, помазав тела их божественным миром и ничего более не прибавив, вписывают их в число верных – что сказать о сем? Посколько в двух вещах имеем мы нужду для благочестия по Боге: сперва получить через таинства глаз, потом пользоваться им и взирать на оный луч, то изменившие христианству теряют второе, а первое остается, то есть способность смотреть и средство к сему. А причина та, что желающие удобно могут отказаться от сего, ибо наше дело или обращаться к солнцу или закрывать глаза от луча его, но вырвать самый глаз и совсем испортить строение его для нас невозможно. Ибо если из сил души, с которыми родила нас природа, не можем разрушить ни одной, тем менее можем разрушить ту, которую непосредственно вложил в нас Бог, возрождая нас. Поелику и самое начальственное в нас, что не было бы оно, образует и влагает купель, будет ли то самозаконие разума и воли, или иначе как должно назвать то, чему покоряется всякая сила души и что управляет движением ее, но чего ничто не может подчинить и изменить: ни само оно себя, ибо лучше его нет ничего, и даже Богу не свойственно изменить его. Ибо у нас не отнимается ни один из данных даров, «нераскаянна бо, – сказано, – дарования... Божия» (*Рим.11:29*), и словом, будучи беспределен во благости, желает нам всякого блага и дарует, не нарушая самого существенного преимущества – нашего свободного произволения. Таково благо Крещения, Ибо не стесняет воли и не удерживает; но хотя оно и сила, однако пользующимся ею ничто не препятствует оставаться лукавыми, как обладание здоровым глазом не препятствует жить во тьме желающим сего, и это очевидно само собою, ибо ясными свидетелями служат те самые, кои после того уже, как омылись и получили от Крещения все, впали в крайнее нечестие и злобу. Посему, так как не отнимаются силы, вложенные при втором создании, священник не омывает, как не имеющих в том нужды, а помазуя, сообщает им духовную благодать благочестия и страха Божия и любви и тому подобное, что может оживить в них прежнюю волю. Ибо такие дары сообщает миро приемлющим его. О сем довольно, прострем же слово на дальнейшее.

Из сказанного очевидно, что возрожденные Крещением живут жизнью Христовою. Что же такое жизнь

Христова, то есть, что за расположение души, которое получается в Крещении и которым омытые сообщаются с жизнью Христовою, это еще не ясно; большая же часть сего выше разумения человеческого. Ибо это есть «силы грядущего века», как говорит Павел (*Евр.6:5*), и приготовление к оной жизни. Не выходя на свет, нельзя узнать достоинства глаз и приятность цветов; и спящим, пока они спят, нельзя знать о делах бодрствующих: подобным же образом и касательно новых членов и сил, которыми вполне воспользоваться можно только в будущей жизни, нельзя в настоящей жизни узнать, какие они и какая в них красота. Ибо для сего нужно, чтобы красоте соответствовал и свет. И то, что мы члены Христовы, есть дело Крещение, а светлость членов и красота их состоит в главе; явно, что не хороши члены, если не соединены с главою. Глава же сих членов сокрыта в настоящей, а явится только в будущей жизни, тогда и члены воссияют и откроются, поелику воссияют вместе с главою. Указывая на сие, Павел говорит: «умросте, и живот ваш сокровен есть со Христом в Бозе; егда же Христос явится живот ваш, тогда и вы с ним явитеся в славе» (*Кол.3:3–4*). И блаженный Иоанн: «Не у явися, что будем; егда же явится, подобии ему будем» (*1Ин.3:2*). Посему в совершенстве познать силу жизни сей невозможно даже и для самых блаженных, но по большей части и они сознаются, что не знают ее, а познают только в гадании, в зерцале, отчасти, а что могут познать, того не могут изъяснить никаким словом. Но ощущение сего и познание хотя и возможны для чистых сердцем, но невозможно найти такого слова или речи, которое бы соответствовало познанному, и для незнающих была знаком блаженного расположения души. Ибо это есть то, что слышал апостол, будучи восхищен в рай и до третияго небесе, «неизреченны, – говорит он, – глаголы ихже не леть есть человеку глаголати» (*2Кор.12:4*). А что и познается и может быть сказано на словах и служит обнаружением жизни и сокровенного, это успехи принявших таинство, новый нрав омытых, кои сохранили свою степень; добродетель их вышеестественная и превосходящая законы человеческие, которой не может произвести ни мудрость, ни подвиги, ни природа, ни иное что-либо из человеческого. Ибо иногда и душа устремляется к тому, чего и вообразить невозможно людям, а тело не поглощает ее желания, но предпринимает такие труды, каких желает душа; но поелику силы души и тела ограничены, то всего труда не может вынести ни душа, ни тело, и случается, где и можно бы победить, душа отрекается и тело изнемогает. А блаженные оные души и тела ничто не удерживает, но какие бы ни видели они труды, каких бы ни изобретал свободный разум помыслов, все переносят и во всем мужественны и не скажем ли мы самого странного? Они и не переносят и нет для них нужды в мужестве. Ибо не по надежде на высшие награды и лучшую жизнь презирают они жизнь настоящую, то есть не по решению некому и рассуждению дошли они до этого дерзновения и не против воли переносят, как больные переносят огонь или нож врача, но всего удивительнее то, что любят свои раны, любят свои труды, самую смерть считают вожделенной, хотя бы ничего и не было обещано впереди. Одни желали мечей, мучений и смерти и, испытав их, получали еще большее желание; иные восхотели вести скорбную жизнь, трудиться и жить без всякого послабления и своею пищею почитать то, чтобы умирать ежедневно, и тело содействовало сему и помогало подвизающимся против законов телесных. И таких не двое, не трое или сто, и не одни мужи и не возрастные только, но тысячи и множество, превосходящее число, и притом людей всякого возраста.

Это особенно ясно в мучениках. Ибо из числа их и те, кои были верующими прежде гонений, и те, коим Христос во время самых гонений даровал истинную жизнь, единодушно обнаруживали пред гонителями веру свою во Христа и исповедовали его им и желали смерти и единогласно призывали мучителей и как бы на что-нибудь доброе одинаково устремлялись и женщины, и девы, и мужи, и дети, и люди всякого сословия и рода жизни. Ибо нужно прибавить и сие, потому что немало различий между людьми, ибо не одинаково переносит подвиги и труды тот, кто проводит жизнь трудовую, и тот, кто ведет роскошную жизнь, и на меч и смерть не одними и теми же глазами смотрит воин и человек придворный. Но ничто из сего не могло воспрепятствовать оному дивному влечению и не воспрепятствовало тому, чтобы все одинаково достигали высоты любомудрия, но поелику одна была сила, всех рождающая и творящая, то все достигли последнего предела добродетели, почтили благо и возлюбили его превыше законов естества, иные же ради него презрели и самую душу. Ибо и женщины театральные, и развращенные мужчины, и подобные сему люди принимали слово общего нам спасения и переменялись «и преобразовывались, приходя в прекрасную стройность и так же тихо и так же легко, как бы переменив маску. Случалось, что получали совершенство и в сем лике многие еще не омывшиеся, которых, когда они еще не были крещены водою, крестил Сам Жених церкви. Многим посылал он облако с небеси и воду из земли сверх ожидания и, таким образом крестил их, а большую часть воссоздал сокровенно. Ибо как лишение Христово восполняют члены церкви (*Кол.1:24*), Павел или иной кто подобный ему, так нет ничего странного, если лишение Церкви восполнит глава церкви. Ибо если бывает нечто, в чем члены, по-видимому, помогают главе, насколько справедливее, чтобы самая Глава приложила то, чего недостает членам? Это так и бывает. Но нужно обратить слово к прежнему. Той силы, которая смела в дерзновении, пламенна в желании и могут наконец достигать того, чего возжелали, нельзя найти в природе человека и нельзя объяснить разумом, а так как она есть, то по необходимости нужно причиною сего почесть благодать Крещения, посему посмотрим, каким способом купель проводит в них сие.

Явно, что труды сии и подвиги оные предпринимают только любящие и что стрелы Христовы и любовь приводят их к сему новозаконию. А что служит причиною любви и откуда приняли огонь, о сем будем рассуждать теперь же. Ибо познание есть причина любви и оно рождает ее, и никто не может получить любви к благу, если не узнает, какую оно имеет красоту. Поелику же случается иногда познать ее вполне и совершенно, иногда – несовершенно, то естественно и любви быть таковой же. И из прекрасного и благого что познается совершенно, то и любимо бывает совершенно и соответственно такой красоте; а что не совсем ясно для любящих, к тому и любовь слаба. Итак, очевидным становится, что купель вложила них некоторое познание Бога и ощущение его и что ясно познали они добро и восчувствовали доброту и испытали красоты его. Говорю же, что научаемые совершеннее могут познать из некого опыта, нежели из учения. Ибо поелику у нас познание о предметах двояко: одно, которое человек приобретает чрез слух, другое, когда познает сам собою, – первым способом мы не обнимаем самого предмета, а видим его в словах, как бы в образе каком-либо и притом не в образе его собственного вида. Ибо в существующем невозможно найти во всем подобный ему образ, который для пользующихся им достаточен был бы к познанию его. А испытать самим значит встретиться с самым предметом, отчего здесь самый вид входит в душу и возбуждает желание, как след, соразмерный красоте. Так же, как теряется отличительный признак предмета, отчего он обобщается с другими, мы получаем неясный и смутный образ его и с ним соразмеряем стремление к предмету; посему не любим его столько, сколько он должен быть любим и не переносим столько, сколько он может действовать на нас (потому что мы не испробовали его вида). Ибо как различный вид существования каждого предмета влагает в душу различный помысел, так то же бывает и с желанием. Не то же ли бывает в нас и с любовью к Спасителю? Когда не будет открыто ничего нового и высшего, ясно, мы останемся при одних звуках, какие получили о нем, из коих можно ли познать его хорошо, когда нельзя найти ничего подобного ему, нет ничего общего между им и другими, никакого образца, с которым можно бы было сравнить его, ни того, кому он служит образцом – как же познать красоту его и возлюбить достойно сей красоты? А у кого есть таковое желание, так что они преступают пределы естества, желают и могут больше, нежели сколько свойственно желать людям, сих уязвил Сам Жених (*Песн.2:5, 5:8*); Сам он показал очам их некоторый луч красоты. Ибо величина раны указывает на стрелу, а стрела – на уязвившего. И сим отличается Новый завет от Ветхого и в сем имеет преимущество, ибо тогда учили слово, а ныне Сам пришедший Христос неизреченным некоторым образом устрояет и образует души людей. Ибо посредством слова и учения и законов невозможно людям достигнуть желаемого конца. Если бы можно было достигнуть посредством слова, не было бы нужды в делах и притом в вышеестественных – в воплощении Бога, в распятии его и смерти. Это очевидно прежде всего на самых отцах нашего благочестия – на апостолах. Ибо хотя преподано было им всякое учение и притом учение Самого Спасителя, и были они самовидцами всего: и того, какие дарования сообщил он естеству, и что претерпел за людей и как по смерти воскрес и как вознесся на небеса и, знавши все сие, они не показали ничего ни нового, ни мужественного, ни духовного, ни лучшего прежнего до тех пор, пока не были крещены. Когда же получили Крещение и утешитель нисшел в души их, они соделались новыми и получили новую жизнь и стали руководить других и сами себя и других привлекали к любви Христовой. Ибо хотя и при Солнце находились и были общниками и жизни и учения, но еще не было у них ощущения луча, пока не приняли духовной оной купели: подобным образом совершал Бог впоследствии и всех святых. И они познали его и возлюбили не словами только будучи убеждены, но быв расположены к сему силою купели, когда пересозидал и преобразовывал их Сам Возлюбленный, который творит, извергая сердце плотяное, нечувственное, и напишет, но, как говорит Павел, «не на скрижалях каменных, а на скрижалях сердца плотяных» (*2Кор.3:3*), и не закон только, но Самого Законодателя, Сам Себя Самого. Это всего яснее открылось над многими из святых, которых, когда они из слов не могли познать истину, не из чудес не уразумели силы возвещаемого, вдруг показала ревностным христианами принятая ими купель.

Так блаженный Порфирий, бывший в те времена, когда закон Христов владел всею Вселенною и голос проповедников услышали все люди, трофеи же мученических подвигов были воздвигнуты повсюду, яснее слова свидетельствуя об истинном Божестве Христа, и тысячекратно слышав учение, и бывши самовидцем таковых подвижников и чудес, оставался в заблуждении и ложь почитал вместо истины. Когда же крестился и притом для шутки, в игре, не только вдруг соделался христианином, но и совершился в лике мучеников. Ибо он был комедиантом и, занимаясь сим делом, дерзнул и на сию смелость, дабы возбудить смех и представить на зрелище Крещение и крестил самого себя, сойдя на театре в воду и провозгласив Троицу. Одни смеялись, коим казалось сие театральным представлением, а для него происшедшее было не смех и не тень, но истинное рождение и воссоздание и то самое, что составляет таинство. Ибо вместо комедианта вышел, имея душу мученическую, тело мужественное, как бы привыкшее к любомудрию и подвигам, язык, извлекший у тирана вместо смеха гнев. И так возревновал он, проведший жизнь в игре, и так возжелал Христа, что претерпев многие мучения, умер с радостью, даже и языком не изменив любви. Так же и Геласий возлюбил Христа и познал сим же образом, и кажется одинаково, как тот, так и другой пришли со враждою неприязнью, но когда гонимый отверз очи души его и показал собственную свою красоту, он тотчас же изумился красоте и показал совершенно противоположное направление и соделался почитателем вместо врага. Ибо восхищением была оная любовь, потому что пленных ею увлекала далее человеческих пределов; и сие показывая, Пророк говорит; ужаснутся о тебе мнози, когда беседуя ко Христу о кресте и смерти, сказал: «якоже ужаснутся о тебе мнози, тако обесславится от человек вид Твой и красота твоя от сынов человеческих» (*Ис.52:14*). Мужественный Ардалион крестился, желая сим вместо иной какой игры угодить зрителям; ибо он был смехотвор и доставлял присутствующим иные такого же рода удовольствия. А крестился, не в символах и образах подражая страсти Спасителя, но самым делом. Он притворно произнес доброе и мученическое исповедание, и ради шутки обнаженный поднят был на дерево играющим. Когда же произнес имя Христово и почувствовал удары, вдруг переменился и душа перешла в согласие с голосом, а воля – в сообразность с вымышленным представлением. И истинно соделался он тем, чем называл себя в шутку – христианином, и это было делом шуточных ударов и притворного слова, и сказав, что любит Христа, он тотчас возлюбил его, когда любовь, подобно огню вдохнул от уст своих в самое сердце. И у других благое от благого сокровища – сердца исходит на уста – у Ардалиона сокровище небесных рек (*Ин. 7:38*) перешло в сердце от уст. О, неизреченная сила Христова! Ибо не благодеяниями, ни раздаянием венцов, ни благими надеждами привлек его к себе, но соделав соучастником в ударах и бесчестии избрал и возвысил его так, что убедил в том, чего он прежде не терпел и слышал. Вдруг переменил он привычки, которые укоренило в нем продолжительное время, устремил волю к совершенно противоположному направлению, обратив ее от самого худшего и самого злого к самому лучшему из всего, ибо ничего не может быть развращеннее комедианта и ничего любомудрственнее мученика.

У них что общего? И для естественного разума какую представляет сообразность, чтобы раны и бесчестие рождали любовь и чтобы посредством того самого, по причине чего даже и верующему следовало бы избегать христианства – уловлять врага и покорять его тому самому, чему он сам был врагом? Кто, причиняя болезнь, надеется сим убедить к любви того, кто старается ненавидеть и вместо врага и гонителя сим средством приготовить себе друга и ревнителя?

Посему слово учения, кажется, как будто не имеет никакой силы, а все совершает сила Крещения. Ибо и Ардалион слышал слово общего нам спасения и был очевидцем многих чудес дерзновенно подвизавшихся при нем мучеников, но тем не менее слепотствовал и был врагом света, пока не крестился, приняв знамения Христовы и исповедав благое исповедание. Ибо та цель крещения, чтобы подражать исповеданию Христа пред Пилатом и твердости в нем даже до креста и смерти, а подражать можно в образах и в сих священных символах, можно и самыми делами, среди опасностей показывая служения, когда вызывают к тому обстоятельства. Из многих врачеваний, придуманных во все века для больного рода человеческого, одна смерть Христова может доставить истинную жизнь и здравие и посему возродиться новым рождением и жить блаженною жизнью, и достигнуть здравия не иное что есть, как пить сие врачевство и, насколько возможно людям, исповедать исповедание и претерпеть страсть и умереть смертью. Такова сила нового закона, так рождается христианин, сим образом достигает он чудного любомудрия, прилепляясь к прекрасным делам, имея непоколебимую веру, не по необходимости послушания веруя, не по требованию законов устрояя нрав, но то и другое получая от силы Божией и посредством того и другого преобразуясь в блаженный вид Христа. «Не в словеси, – сказано, – Царство Божие, но в силе» (*1Кор.4:20*), и «слово... крестное... спасаемым нам сила Божия есть» (*1Кор.1:18*), потому и духовен сей закон, что все совершает дух, а оный есть писанный потому, что останавливается при письменах и звуках, по причине коих он и сень и образ, а дело и истина в настоящем. Ибо слова и письмена имели значение образа до тех пор, пока не осуществились дела. Прежде, нежели пришли они в исполнение, Бог устами пророков долгое время провозвещал о них. Завещаю, – говорит, – завет новый, не по завету, его же завещая отцем их, – но какой же это? Сей, – говорит, – завет, его же завещаю дому Израилеву и дому Иудину, дая законы моя в мысли их, и на сердцах их напишу я, не голосом провозглашая его, но напишу непосредственно Я, Сам Законодатель. И не научит, – сказано еще, – кийждо брата своего и кийждо ближняго своего: «познай Господа, яко еси познают Мя от мала даже до велика их» (*Иер.31:34*). Об этом, может быть, закон и Давид испустил оный блаженный глас: «аз познах, яко велий Господь» (*Пс.134,5*), – я познал, говорит, опытом, а не учение других выслушав: почему к тому же привлекая и других говорит: «вкусите и видите, яко благ Господь» (*Пс.33:9*). Хотя и многими и всякого рода словами воспевает блаженный благость Божию, но поелику слова не могут показать сущности, то самих слушателей призывает к опыту воспеваемого.

Сей опыт купели влагает в души крещаемых и делает известными твари Творца, уму – истину, желанию – единого Вожделенного. Потому и велико расположение, и неизреченно стремление, и вышеестественна любовь, что ни в чем нет недостатка и все сообщает, ни в чем не отказывает и, кроме сего, предоставляет всякий избыток. Рассмотрим сие. Бог вложил в души желание, так что если имеют они нужду получить благо, то нужно также им помышлять об истине; того и другого, впрочем, желаем мы в совершенном виде: блага без зла, истины без лжи. Ибо не веселится обманутый, и не может радоваться заблуждающийся и получающий зло вместо добра. Желающим сего не всегда случается получать в совершенном виде, но у нас благо и истина не есть то самое, что так называется, но нередко даже противоположное сему. Почему не ясно для нас здесь, какова сила любви и радости, поелику нет пред нами того, что нужно любить и чем можно утешаться, неизвестны нам ни узы желания, ни то, каков огонь. Ибо вожделенным не было ничего, а для вкусивших Спасителя вожделенным служит то самое, к чему, как бы к некоему правилу и пределу, из начала приспособлена была любовь человеческая, подобная сокровищнице столь великой и столь обширной, что может принять она в себя Бога. А владеющие и всеми благами жизни никакого не получают от них насыщения, ничто не останавливает на себе желания, но будем жаждать еще, как бы ничего не получив из того, что желали. Ибо жажда душ человеческих нуждается в некой беспредельной воде, а ограниченный мир сей как может быть для нее достаточен? И на сие-то указывает Господь, говоря жене самарянской: «Пияй от воды сея вжаждется паки. А иже пиет от воды, юже Аз дам ему, не вжаждется во веки» (*Ин. 4:13–14*). Сия-то вода успокаивает желание душ человеческих. «Насыщуся, – сказано, – внегда явитимися славе Твоей» (*Пс. 16:15*). Ибо и глаз устроен такой, какой пригоден для света и слух – для голоса и что чему соответствует, желание же души стремится к одному Христу. И это служит для нее успокоением, потому что и благо и истина и все вожделенное есть он один. Посему постигшим его ничто не препятствует любви, насколько вложено в душу любви от начал, и радоваться, насколько может радоваться природа, и если что привнесла им добродетель и вода возрождения. В отношении же к благам жизни не может быть действенною ни любовь, ни радость, поелику они обманываются своим названием. Если же и кажется что-либо прекрасным, оно бывает ложным изображением истины. Здесь же, поелику нет ничего препятствующего, открывается удивительная и неизреченная любовь и такая радость, какой нельзя изъяснить. Особенно же потому, что каждое из сих расположений души Бог вложил для Себя Самого, чтобы мы его любили, о нем одном радовались. И следует, думаю, сохранить некоторое уважение к беспредельному оному благу и в словах о нем соблюсти соразмерность.

Посмотрим же, каково его величие, потом – каков признак преизбытка его. Ибо за все блага, какие он даровал нам, единственным вознаграждением почитает он любовь и, если получает ее от нас, прощает долг. А то самое, что у Бога-Судии равноценно бесчисленным благам, как не назвать преестественным? Ясно же, что преизбытку любви совершенно равняется радость и стремлению соответствует во всем удовлетворение и самому большему соответствует самое большее. Явно, что в душах человеческих находится великое некоторое и удивительное предрасположение к любви и радости, которое тогда становится вполне действенным, когда явится поистине радостное и возлюбленное. И это самое Спаситель называет радостью исполненною (*Ин.16:24*). Посему когда нисходит на кого-либо Дух и сообщает ему обещанные им плоды, первое из них место занимают любовь и радость. «Плод духовный, – сказано, – есть любы, радость» (*Гал.5:22*). Причина же сему та, что таковое первое ощущение себя дарует Бог душе, приходя в нее. Ощущающему же благо нужно и любить его и радоваться о нем; почему и телесно явившись людям, прежде всего, требовал от нас познания себя. И сему учил и сие принес тотчас же, даже более, ради сего ощущения он пришел и ради сего делал все. Ибо говорит: «Аз на сие родихся и на сие приидох в мир, да свидетельствую истину» (*Ин.18:37*). А как истиною был Сам он, то почти так сказал: да покажу Меня Самого. Сие и ныне творит, приходя к крещающимся, и свидетельствует истину, мнимое благо отвергая, истинное же вводя и открывая, и как Сам сказал, Сам являя им Себя Самого (*Ин.14:21*).

А что сие справедливо и что омытые сею купелью как бы опытно познают Бога, сие открывается, как сказано, от дел их. Если нужны свидетельства, то хотя и много есть боголюбивых и великую имеют они силу в том, о чем свидетельствуют, но из всех достаточно ответит за всех Иоанн, которого душа светлее луча и голос блистательнее золота. Нужно привести речения благого языка. «Что значит: славу Господню взирающе, в той же образ преобразуемся? Это было яснее, когда действовали дарования чудес. Впрочем, кто имеет очи веры, тому и ныне не трудно уразуметь сие. Как скоро мы крещаемся, душа наша, очищенная духом, делается светлее солнца. И мы не только взираем на славу Божию, но и сами получаем от нее сияние. Как чистое серебро, лежащее против солнечных лучей, и само испускает лучи не от собственного естества только, но и от блеска солнечного, так и душа, очищенная и соделавшаяся блистательнее серебра, принимает луч славы от Духа в славу, доступную нам, в какую надлежит от Господня Духа». И немного далее: «Хочешь ли, я покажу тебе это яснее и ближе к твоим чувствам на апостолах? Помысли о Павле, коего и одежда имеет действие, и о Петре, коего тень имеет силу. Ибо если бы они не носили образ Царя и недоступен был им блеск, как могли бы иметь столько действия их одежды и тень? Ибо одежда царская страшна и для разбойников. Хочешь ли видеть, как сиял он и чрез тело? «Воззревше, – сказано, – на лице Стефана, видеша яко лице ангела» (*Деян.6:15*). Но это еще ничего не значило в сравнении со славою, сиявшею внутри его. Что Моисей имел некогда на лице, то же самое, и еще большее носили они в душе. Ибо бывшее у Моисея доступнее чувствам, а сие бестелесно. Ибо как тела, когда осветит их огонь от светлых тел, кидают собственный отблеск на ближайшие тела и передают им собственный свет, так бывает и с верными. И когда они достигают сего, оставляют уже все земное и заботятся только о небесном. Увы мне! Хорошо теперь и стенать горько, потому что, получив такое благородство, не понимаем и того, что говорят, поелику скоро погубили дела и ниспали в чувственное. «Ибо сия неизреченная и страшная слава остается в нас только на один и на два дня, а потом мы погашаем ее, обуреваясь бурею житейских дел и густотою облаков застеняя лучи» (Златоуст, Беседа 7, на *2Кор.3*).

Итак, не одним только помыслом и размышлением и верою возможно крещаемым познавать Бога, но можно обрести в водах сих нечто лучшее и ближайшее к делу. Ибо думать, что оный луч влагает в мысль познание Божие и составляет некоторое научение разума, не будет спасительным словом, ибо его случается потерять чрез день или два, если принявших таинство охватит волнение и смущение, а незнающего веры нет никого, хотя бы он заботился о том самое краткое время; но возможно и дела иметь, и уметь хорошо богословствовать и, что еще более, быть подвержену нападению худых страстей и не быть неведущим в слове спасения и истинного любомудрия. Отсюда ясно, что есть некоторое непосредственное ощущение Бога, когда луч от него невидимо касается самой души. Символ сего луча в том, что сопровождает крещение. Ибо все исполнено светлости: светильники, песни, лики, гимны; нет ничего, что не сияло бы, вся одежда светлая и приспособленная к зрелищу света, а головное одеяние и изображает самый Дух, и имеет вид, знаменующий его пришествие. Ибо и соделано оно наподобие языка, чтобы удобнее было и голове иметь одеяние, и удержать тот вид, в котором в первый раз явился Дух, крещая апостолов. Затем и коснулся он сей части тела их и модно было на главе каждого из них видеть огонь в образе языка, чтобы, думаю, видом языка объяснить причину нисшествия, потому что он нисшел, дабы изъяснить сродное Себе Слово и вразумить о нем неведущих. Ибо таково дело языка, который износит изнутри сокровенное, будучи провозвестником тайных движений души. Ибо Слово возвещает о Родившем его, а Дух – о нем Самом. Ибо, *Аз прославих Тя* , – сказал Спаситель, говоря Отцу, – *и Той Мя прославит* (*Ин.16:14*), говоря об Утешителе. Посему-то он и явился им в сем образе. Символ же обращает мысль нашу к оному чуду и к оному прекрасному дню, который видел первое ниспослание Крещения, дабы мы знали, как те, на коих прежде всего пришел Дух, передали его последующим за ними, а сии – следующим за ними, и таким образом даже до нас дошел он, переходя, и не оскудеет дар, пока действенно присущ нам Сам Виновник его. Итак, тогда Владыка дарует блаженным чистое ощущение себя, когда отнимется прикровение, а теперь насколько возможно, то для прикрытых грубой плотью.

А плод сего ощущения есть неизреченная радость и преестественная любовь, а также величие подвигов и удивительное обнаружение дел и то, чего достигают все победившие и увенчанные. Ибо вооруженные сими оружиями не могут быть побеждены ни страхом, ни удовольствием. Ибо радость умеряет печальное, а приятное не может ни увлечь, ни ослабить утвержденных и связанных толикою силою любви. В том дело Крещения, чтобы разрешить от грехов, примирить Бога с человеком, усыновить человека Богу, открыть очи душевные для Божественного луча, словом сказать, приготовить к будущей жизни. Итак, правильно делаем мы, налагая ему наименования возрождения и иные, имеющие тот же смысл, и другие, потому что оно доставляет познание Божие душам приемлющих таинство. Оно есть жизнь, и основание, и корень жизни, так как и Сам Спаситель определяет жизнь вечную познанием единого истинного Бога и посланного Им Иисуса Христа (*Ин.17:3*); а Соломон говорит Богу: «еже знати Тебе,... источник есть безсмертия» (*Прем.15:3*). Если нужно приложить доказательство, кто не знает, что истинное бытие и превосходство людей состоит в том, чтобы мыслить и познавать! Если же в мышлении и знании состоит бытие человека, конечно, оно должно состоять и вы познании лучшем из всех и свободном от лжи. А когда Сам Бог отверзает очи души и обращает к Себе Самому, какое знание может быть лучше и чище от всякого заблуждения, чем познание Бога? А оно есть плод Крещения. Итак, из всего сказанного ясно, что начало жизни во Христе и причина того, что люди существуют, и живут, и преуспевают в истинной жизни и существовании, есть таинство. Если же не со всеми крещающимися случается сие, не должно признавать в нем немощь таинства, а должно относить сие или к страсти получивших таинство или к тому, что нехорошо были они приготовлены для благодати, или, что предали сокровище. Ибо гораздо правильнее такое различие относить к самим получающим таинство, кои различным образом пользуются Крещением, нежели таинство, которое одно и то же есть для всех, обвинять в противоположных действиях. Ясно же, что совокупность упомянутых благ не есть дело естества, ни подвига, но Крещения. Если же и противное сему бывает, как не почесть несообразным, чтобы одно и то же могло и не могло делать небесными и нисколько не возвышать над земным. Мы не обвиняем солнца и не признаем его темным, потому что не все видят луч его, но произносим суд о смотрящих. И касательно просвещения незаконно поступим, думая, что оно может производить что-либо иное, кроме того, чем именуется.

КАКОЕ СОДЕЙСТВИЕ ДОСТАВЛЯЕТ ЕЙ БОЖЕСТВЕННОЕ МИРО

Тем, кои так духовно созданы и таким образом рождены, следует получить и действование, которое бы соответствовало таковому рождению, и сообразное тому движение. И это доставляет нам таинство Божественного мира, ибо деятельными соделывает духовные действования, то одно, то другое, то многие, судя по тому, какую имеет кто приемлемость к таинству. И ныне с омывшимися совершается то же, что в прежние времена соделывали руки апостолов с крещеными от них, ибо когда апостолы возлагали руки на принявших таинство, сказано, подавался им Дух Святый, и теперь Утешитель нисходит на помазуемых. Доказательства сего следующие. Первое: в Ветхом завете одинаково помазывались цари и священники, закон же церкви первых воцаряя миром, на священника возлагает руки и молится о благодати Духа, показывая сим, что то и другое считаем за одно и то же, и что то и другое имеет одну и ту же силу. Потом они имеют общее между собою в именах: оное называется помазанием, сие – сообщением Духа. Ибо рукоположение священников Божественнейшие из иереев называют помазанием, и наоборот, о тех, коих совершают таинством мира, и молятся, и веруют, что они общники Святого Духа, и когда приступающим к таинству объясняют, что оно такое, называют его печатью духовного дара. Сие и воспевают при помазании. Еще же и помазанником соделался Сам Владыка, не потому, что принял на главу излиянное миро, но ради Духа Святого, когда для восприятой им плоти соделался хранилищем всякого духовного действования; и не помазанником только, но и помазанием, ибо сказано: «миро излиянное имя твое» (*Песн.1:2*), одно с самого начала, другое – впоследствии. Пока он не соделался тем, чему мог Бог сообщил свои дары, он был миром, пребывающим в себе самом; когда же стала существовать блаженная плоть, принявшая всю полноту Божества, коей, как говорит Иоанн, не в меру даде Бог Духа (*Ин.3:34*) и вложил всякое духовное богатство, тогда излиянное на нее миро и истинно соделалось и стало называться помазанием. Ибо быть сообщену для него значило соделаться помазанием и быть излияну. Ибо не переменил он места, не разрушил стены и не преступил через нее, но уничтожил разделяющие его от нас тем, что сам приняв его в себя, не оставил ничего между собою и нами. Ибо не местом отличается от людей Бог, наполняющий всякое место, но отстоит различием, и природа сама отделяет себя от Бога тем, что во всем, что имеет, отличается от него, а общего не имеет с ним ничего, потому что он только Бог, а природа только человек. Когда же плоть была обожена и природа человеческая принята в ипостась Самого Бога, миро уже перешло через ограждение. И различие оное не имеет уже места, когда одно уже было, а другое соделалось единою ипостасью, которая уничтожает расстояние между Божеством и человечеством, будучи общим пределом каждого естества, а между стоящими порознь не бывает общего предела. Если бы алавастр каким-либо способом в миро превратился, не сообщимым для внешнего не могло бы остаться миро, ни то, что внутри, ни в себе самом; равным образом когда наша природа обожилась в Спасителевом теле, не осталось ничего отделяющего род человеческий от Бога, почему и участвовать в его благодеяниях ничто не препятствует нам, кроме греха. Поелику же двоякое было преграждение: одно от естества, другое от воли, то одно уничтожил Спаситель воплощением, другое – распятием. Ибо грех разрушен крестом. Посему после Крещения, имеющего силу оного креста и смерти, в мире получаем общение Духа. Ибо когда уничтожено то и другое препятствие, ничто не удерживает, чтобы Дух Святой излиялся на всякую плоть, сколько возможно это в настоящей жизни. Ибо для непосредственного сопребывания с Богом есть и третье препятствие, смерть, и носящим смертное тело нельзя обойтись без гадания и зерцала. Итак, поелику люди трояко отстояли от Бога: природою, грехом и смертью, – Спаситель соделал, чтобы истинно сообщались и непосредственно приходили к нему, уничтожив одно за другим все, что препятствовало сему: одно – приобщившись человечеству, другое – смертью на кресте, а последнее средостение совершенное изгнал из природы воскресением. Посему Павел говорит: «последний враг испразднится – смерть» (*1Кор.15:26*). Назвал бы он ее врагом, если бы она не была препятствием для нашего истинного благополучия, ибо наследникам бессмертного Бога нужно быть свободными от тления. Ибо «тление нетления не наследствует» (*1Кор.15:50*).

Ибо после общего воскресения людей, причина коего воскресение Спасителя, зерцало и гадание прейдут, и лицом к лицу узрят Бога очищенные сердцем.

Итак, дело таинства – преподать действования Святого Духа, а миро вводит самого Господа Иисуса, в Котором все спасение людей, вся надежда благ и от Него нам общение Святого Духа, чрез Него же и приведение к Отцу. Ибо воссоздание людей хотя производит вообще вся Святая Троица, но деятелем служит одно Слово, и не в одно то время, когда было общником в жизни людей, и себе принесе, – говорит Павел, – «во еже вознести многих грехи» (*Евр. 9:28*), но с того времени и навсегда, пока еще носит естество наше, ради коего мы имеем в Нем ходатая к Богу, Сам Собою очищает совесть нашу от мертвых дел, Сам Собою подает нам Духа.

Сие таинство в прежние времена сообщало крещаемым дарования исцелений и пророчества и языков и тому подобное, что для всех людей служило ясным доказательством превосходящей силы Христовой. Ибо в них была нужда, когда утверждалось и установлялось благочестие. И ныне то же бывает с некоторыми, то же сказано и о прежнем и о будущем: и демонов изгоняли они и от болезни освобождали одною молитвою и не во время жизни только, но и умершие уже могли совершать подобное, поелику духовная сила не оставляет и почивших блаженных. А что сообщает миро каждому из христиан и к чему удобно всякое время – это есть дар благочестия и молитвы и любви и Целомудрия и иного, что благопотребно для приемлющих. Если же сие чуждо многим из христиан и сокрыто от них, не знают они, есть ли Дух Святый, сие оттого, что они получили таинство в раннем возрасте и приняли дары его бессознательно и, когда пришли в возраст, обратились к чему не должно и ослепили око души. Таким образом, «Дух» принимающим таинство сообщает дары свои, «разделяя властью комуждо, якоже хощет» (*1Кор.12:11*), и не престал Господь, благотворя нам, так как и обещался пребывать с нами навсегда. Ибо не напрасно таинство, но как от Божественной купели получаем отпущение грехов и от священной трапезы приобщаемся Тела Христова, и не прекратится сие до тех пор, пока не приидет явно Самый Тот, кто служит основанием их – подобным образом совершенно необходимо, чтобы христиане и от Божественного мира получали, что нужно, и приобщались даров Святого Духа. Ибо какая сообразность, чтобы из Священных таинств одни были действенны, а сие нисколько не было полезно и об оных знать, что возвещенное о них, по словам Павла (*Евр.10:22*), верно, о сем же сомневаться. Должно или ни об одном не думать, или и о других думать одно и тоже, так как одна и та же сила действует во всех, и единое заколение единого Агнца и Его смерть и кровь доставляет совершение всем. И так истинно преподается Святой Дух, одним дабы они могли благодетельствовать другим и, как говорит Павел, назидать *церковь*, предрекая будущее, или уча таинствам, или словом освобождая от болезней, другим, чтобы сами сделались лучшими, сияя благочестием, или преизбытком целомудрия, или любви, или смиренномудрия. Ибо для получившего возможно целомудрствовать помыслом и нравом, и упражнять нрав свой в правде, и молиться, и любить, и во всем прочем быть ревностным. Возможно для движимого Богом удержать волю от страстей, быть человеколюбивым, и справедливым, и оказывать иное любомудрие. Ибо как в людях, действующих под влиянием лукавых духов, существуют скотские страсти, так наоборот, когда движит сам Бог, – существуют добродетели божественные и высшие человеческого закона. Сим образом любил блаженный Павел, кроток был Давид, и другие из восхваляемых показали разум выше естества человеческого. Ибо написал он Филиппийцам, что любит их утробою Иисуса Христа (*Флп.1:8*), о Давиде же сказал Бог: «обретох... мужа по сердцу Моему» (*Деян.13:22*). И вера есть дар духовный, который желали получить Апостолы от Спасителя, говоря: «приложи нам веру» (*Лк.17:5*), и Сам Он просит для них освещения от Отца:

«святи, – говорит, – их во истину Твою» (*Ин.17:17*). И Бог дает молитву молящемуся и «сам Дух ходатайствует о нас воздыхании неизглаголанными» (*Рим.8:26*), доставляя, думаю, силу молитвы; словом, Дух Святой есть вполне дух премудрости, и разума, и совета, и крепости, и благочестия, и прочего, от чего получают наименования те, коим сообщает Он дары свои. Итак, всем приступающим таинство сообщает свои дары, а ощущение даров и ревность о богатстве, что воспользоваться данным, – не всем, поелику одни, по причине возраста, еще не могут иметь разума, другие неприготовлены и не показывают правильного изволения, из коих у некоторых в последствии раскаяние во грехах, и слезы, и жизнь по правому слову, обнаруживают вложенную в души их благодать. Почему и Павел в послании к Тимофею, говорит: «не неради о своем даровании» (*1Тим. 4:14*), так как и по принятию дара, нет никакой для нас пользы, если мы будем нерадивы, и потому еще, что желающим иметь душу деятельную в сем – нужны труды и бдения: так что если кто из ревностных явится преуспевающим в любви, или в чистоте целомудрия, или преизбытком смиренномудрия, или благочестия, или подобного чего-либо, выше естества сих людей, причиною сего должно почитать Божественнейшее миро и верить, что таковому даровать дар в то время, когда принимал он таинство, а соделался он деятельным впоследствии. Подобным образом и умеющие правильно говорить о будущем и без помощи искусства быть спасителями для развратившихся волей, и иначе немощствующих, и иное что-либо показывающие, все сие имеют от таинства. А если бы таинство и при самом совершении не соделывало приемлющих его деятельным в духовных силах, и если бы и того, что в последствии времени они действуют духовно, не таинство было причиною, тогда зачем бы и приступать к таинству? К чему нам послужить принятие Божественного мира, если оно не может вести к тому, ради чего и желают его? Тогда и того нельзя будет сказать, чтобы если сего не получаем от помазания, могло сие таинство доставить нам иную помощь. Ибо если не доставляет того, что обещает и к чему все направлено, и о чем молится совершитель таинства, и в чем уверяет он приемлющего таинство, что тотчас получить, тем менее должно ожидать от него какого-либо иного блага. Если же не напрасно таинство, как и все прочее в Христианстве, – не «тще проповедание наше и не тща вера ваша» (*1Кор.15:14*); то если можно найти в людях какую-либо духовную силу и что-либо из круга духовных дарований, сие нужно относить к сим молитвам и священному помазанию.

Ибо нет совершенно никакого блага, сообщаемого от Бога избавленным людям, которое бы получалось без посредника между Богом и людьми, а найти посредника и получить, и принять от него все блага, ничто не дарует, кроме таинств. Ибо они делают нас сродными оной крови, и тех дарований, какие получил Он ради плоти и общниками того, что он восхотел претерпеть. Ибо поелику двояко то, что приближает к Богу и в чем все спасение людей, – принимать Священные таинства и упражнять волю в благочестии, для второго, т.е. для человеческой ревности, нет иного дела, как сохранить данное и не предать сокровища; остается посему одна подательница всех благ – сила таинства. И из сих таинств у каждого иная цель, а сообщение Духа и Его даров зависит от всесвятого Мира; посему если может кто показать духовное дарование, хотя бы то было не во время самого совершения таинства, но много спустя, не должно оставаться в неведении о причине, и о том откуда сия сила. Поелику и просвещение от крещения тотчас по крещении входит в души получивших таинство, но не для всех бывает оно очевидно тогда же, а в некоторых из ревностных обнаруживается, когда они очистили око души многим потом, и трудами, и любовью ко Христу. Через сие миро дома молитвы помогают нам в молитвах. Ибо помазуемые миром бывают для нас тем самым, чем имеются, потому что излиянное миро становится за нас ходатаем к Богу и Отцу, потому самому, что излияно и соделалось помазанием, и излилось даже на нашу природу. Жертвенники же уподобляются руке Спасителя, и хлеб от помазанной трапезы мы принимаем как тело от пречистой руки Христовой, и пием кровь его, как те первые, которых Владыка приобщил Священной трапезе, предыспив по вечери прощальную чашу, полную ужаса. Поелику же Он и Священник и пастырь, и жертва, и приводящий жертву, и ради чего приводит и то самое, что приводит, сие разделил он между таинствами, одно отдав хлебу благословения, а другое миру. Ибо и жертвенник есть Спаситель и приносящий жертву через помазание. Ибо жертвеннику от начала установил быть помазываемым, а для священников быть Священниками значит быть помазанными, жертва же Он через крест и смерть, которыми он умер для славы Бога и Отца, а смерть и жертвоприношение мы возвещаем, когда только вкушаем, как сказано, хлеб сей. Миро же есть Христос и помазание через Духа Святого, через Которого совершает священнейшее из всех и освещает, но не освещается сам и не испытывает чего-либо подобного. Сие свойственно алтарю, и приносящему жертву и приводящему, а не приводимому и приносимому в жертву. Ибо и об алтаре говорится, что он освящает; «алтарь, – сказано, –святяй дар» (*Мф. 23:19*); хлеб же Он ради плоти освященной, и обоженной, и принявшей то и другое, – помазание и раны. Ибо хлеб, егоже Аз дам, плоть моя есть, юже Аз дам, т.е.

принося в жертву, за живот мира (*Ин. 6:33, 35*). Посему приносится, как хлеб, приносит же как миро, и в себе самом обожив плоть, и нас соделал общниками помазания. Представляя образ сего Иаков, помазав камень елеем, вознес его Богу, принося его сим самым помазанием, и указывал или на краеугольный камень – плоть Спасителя, на которую излил миро Божества истинный Израиль, единый ум видящий Отца, или на нас, которых из камней Сам соделал чадами Авраама, преподав нам помазание. Ибо Дух Святый, изливаемый на помазующихся, есть для нас и иное нечто и Дух сыноположения и спослушествует, – сказано, – духови нашему, яко есмы чада Божия, вопия в сердцах наших: «Авва Отче» (*Рим.8:15–16*). Так Божественнейшее миро помогает желающим жить во Христе.

КАКОЕ СОДЕЙСТВИЕ ДАРУЕТ ЕЙ СВЯЩЕННОЕ ПРИОБЩЕНИЕ

После мира мы приступаем к трапезе, сему пределу жизни, достигшие коего ни в чем уже не имеют нужды для желаемого благополучия. Ибо принимаем от сей трапезы уже не смерть, и гроб, и общение жизни лучшей, но Самого Воскресшего, и не дары Св. Духа, какие только можем мы получить, но Самого Благодетеля, самый храм, в коем находится вся полнота благодатных даров. Ибо есть Он и в каждом таинстве и им Самим мы помазуемся, и омываемся, и Он же есть и наша вечеря. Присущ же Он приемлющим таинство и сообщает им свои дары, но не во всех таинствах одним и тем же образом, но омывая освобождает от нечистоты зла и влагает в него свой образ, помазуя, соделывает деятельным в действованиях Духа, коих сам соделался хранилищем ради своей плоти. Когда же приводит к трапезе и дает вкушать тело, всецело изменяет получившего таинство и преобразует в собственное свойство, и персть, приняв царский вид, бывает уже не перстью, но телом царя, блаженнее чего нельзя и измыслить. Потому оно и последнее таинство, что нельзя и простираться далее, нельзя и приложить большего. Ибо ясно, что первое нуждается в среднем, а сие в последнем. После же Евхаристии нет уже ничего такого, к чему бы нам стремиться, но остановившись здесь должны стараться узнать то, как до конца сохранить сие сокровище. И хотя при нашем крещении таинство сообщило нам все свои дары, но мы вполне имеем нужду получать еще, ибо еще нет даров Святого Духа, которые соединены со всесвятым миром. Ибо на крещеных от Филиппа еще не пришел Дух Святый ради сей одной благодати, но сверх сего нужны были руки Иоанна и Петра, ибо сказано: «еще бо ни на единаго их бе пришел, точию крещени бяху во имя Господа Иисуса. Тогда возложиша руце на ня и прияша Духа Святаго» (*Деян. 8:16–17*). Когда же мы получаем его, и таинство обнаруживает в нас свою силу, мы дарованную нам благодать имеем, а сообщать иное нет необходимости для благодетеля, хотя невозможного нет ничего, возможно же в ином и подвергаться ответственности, и это нисколько не препятствует таинству совершиться и данному не быть повреждену и быть недостаточным в том, что требуется.

Много свидетелей сего было у Коринфян при Апостолах. Ибо они, изобилуя дарами Духа, и пророчествуя, и говоря языками, и иные дары показывая, не только не были вполне божественными и духовными, но и недалеки были от зависти и неуместного любочестия и споров и тому подобных зол. И на сие указывая им, Павел сказал: «плотстии есте... и по человеку ходити» (*1Кор. 3:3*). Хотя духовными были по участию в дарованиях, но сего было для них недостаточно к тому, чтобы извергнуть всякое зло из своей души. В Евхаристии же нет ничего подобного. Ибо хлеб жизни бывает действен тем, чем спасены мы от смерти, и если вечеряющие не имеют и не привносят ничего худого, никто не может ни в чем обвинить его. Ибо невозможно, совершенно невозможно, чтобы таинство было во всем действенно и принимающие таинство были участниками в каком-либо зле. Почему? Потому что в том и состоит действенность таинства, чтобы приемлющие таинство не были лишены ни одного из плодов его. Ибо обетование трапезы водворяет нас во Христе, и Христа в нас. «Во мне, – сказано, – пребывает и аз в нем» (*Ин.6:56*), а когда Христос пребывает в нас, в чем будет недостаток, какое из благ сокроется от нас? Пребывая во Христе чего иного будем мы желать? И обитатель наш Он и обитель наша, так что блаженны мы в обители, блаженны и потому, что сами соделались обителью для Него. Какого же из благ недостает при таком устроении? Что общего у зла с получающими здесь светлость? Какое зло противостанет такому обилию благ? Какое присутствующее в душе зло может остаться, какое отсутствующее может привзойти, когда Христос так существенно пребывает с нами, и всех нас проникает и обдержит всю внутренность и около нас находится? Ибо когда извне бросают в нас стрелы, Он препятствует им коснуться нас, потому что отовсюду окружает нас, ибо Он есть обитель наша. Если же есть нечто худое внутри, Он извергает и изгоняет его, ибо есть обитатель, наполняющий всю свою обитель. Ибо мы принимаем не малое нечто из Его даров, но Его Самого, и не луч какой-либо и свет, но самое солнце принимаем в свои души, так что и обитаем в нем и служим для него обителью, и становимся единым с ним духом. Ибо и душа, и тело, и все силы тотчас становятся духовными, потому что душа смешивается с душою, тело с телом и кровь с кровью. И что же от сего? Лучшее осиливает слабейшее и Божественное овладевает человеческим, и, как говорит Павел о воскресении: «пожерто бывает мертвенное животом» (*2Кор.5:4*), и еще: «живу же не к тому аз, но живет во мне Христос» (*Гал.2:20*). О величие таинств! Как возможно ум Христов смешать с нашим умом, волю Его с нашею волею, тело соединить с телом и кровь с кровью нашею! Каков же ум наш, когда владеет нами ум Божественный, каково желание наше, когда присутствует хотение блаженное, какова персть, когда препобеждает ее оный огонь? А что сие бывает так, показывает Павел, говоря, что он не имеет ни своего ума, ни хотения, ни жизни, но все сие в нем Христос, ибо говорит, «мы ум Христов имамы» (*1Кор.2:16*) и «искушения ищете глаголющаго во мне Христа» (*2Кор.13:3*) и «мнюся бо и аз Духа Божия имети» (*1Кор.7:40*), и «люблю... вас... утробою Иисус Христовою» (*Флп.1:8*), откуда явно, что иметь одно и тоже с Ним хотение, и все совокупляя, говорить: «живу же не к тому аз, но живет во мне Христос» (*Гал.2:20*). Так совершенно сие таинство, высшее всякого таинства, и приводит к самой вершине благ; потому и всякой человеческой ревности последний предел здесь же. Ибо в нем мы сообщаемся с самим Богом, и Бог соединяется с нами совершеннейшим единением. Ибо соделаться единым духом с Богом, какое лучшее сего может быть единение? Посему и другим таинствам быть совершенными дарует одно из таинств – Евхаристия – и помогает им в самом совершении, так как без нее они не могут совершать; помогает и после совершения в принявших таинства, когда нужно бывает вызвать из тьмы грехов луч, излившийся из таинств. Ибо падших и умерщвленных грехами мгновенно оживить – дело одной Священной трапезы. Ибо невозможно человеческой силой восстановить падшего человека и человеческой правдой невозможно людям освободиться от нечестия. Ибо грех составляет обиду Самому Богу, ибо «преступлением закона, – сказано, – Бога безчествуеши» (*Рим.2:23*), и нужна выше человеческая добродетель, которой бы можно было освободиться от осуждения. Ибо для худшего весьма удобно нанести обиду лучшему, а вознаградить за обиду честью невозможно, и особенно когда обиженному он должен многим, и притом столь высоким, что нет сему и меры. Ибо для того, чтобы освободить от осуждения, нужно возвратить отнятую у обиженного честь, стараясь при сем привнести более того, сколько должен человек, и одно восстановить, а другое вознаградить в той мере, в какой поступал он несправедливо. Но так как человек не может приблизиться и к тому, что должен делать, как будет он в состоянии стремиться к большему? Потому ни один человек не мог примирить с собой Бога, принося собственную правду, почему ни древний закон не мог разрушить вражды, ни живущим во благодати для получения такого мира не было бы достаточно одной ревности, ибо все сие дело только силы человеческой и есть правда только человеческая. Ибо блаженный Павел и самый закон называет правдой человеческой; неповинушася, говорит он, правде Божией, «свою правду ищуще поставити» (*Рим.10:3*), разумея ветхий закон, ибо только такую он имел силу в отношении к нашим бедствиям, чтобы приготовить к здоровью и соделать достойными руки врача. Ибо «закон, – говорит он, – пестун нам бысть во Христа» (*Гал.3:24*), и блаженный Иоанн крестил в грядущего, и вся философия человеческая и всякий труд их были некоторым предварением и приготовлением к истинной правде. Посему-то, когда мы своими средствами и сами собой не могли показать правду, сам Христос соделался для нас правдой от Бога, и освещением, и избавлением (*1Кор.1:30*), и разрушает вражду плотью и примиряет с нами Бога, не просто всю природу, и не тогда только, когда умер, но каждый раз и для каждого из людей – тогда как распинаемый, теперь как предлагающий вечерю, когда, познав свои прегрешения, желаем приступить к Нему. Ибо один Он мог и всю подобающую честь воздать Родившему, и вознаградить за лишение ее, одно своей жизнью, другое своей смертью. Ибо как равноценное вознаграждение за нашу обиду принесе после долгого приготовления свою смерть, которою для славы Отца умер на кресте, Он с преизбытком вознаградил за ту честь, пред которой мы виновны своими грехами, а жизнью Он воздал всякую честь, и ту, которой надлежало почтить Его, и ту, которой надлежало быть почтену Отцу. Ибо и кроме сего показал Он многие и великие дела, которые были высшей почестью для Отца, с одной стороны, проводя жизнь чистую от всякого греха, с другой, в точности и совершенстве соблюдая Его законы, не только в том, что делал сам, ибо говорит он: «аз заповеди Отца моего соблюдох» (*Ин.15:10*), но и в том, что законоположено для жизни людей, один из всех, показав и насадив на земле небесное любомудрие, воздал еще Он Отцу честь и самыми чудесами, виновником коих исповедывал Родившего Его. А кроме же всего этого кто не видит, что одним уже тем, что был с людьми и так приискренно приобщился плоти, Он всего тщательнее и с нее показал благость и человеколюбие Пославшего и воздал подобающую Ему славу! Если благость должно измерить благодеянием, то Бог в домостроительстве такое оказал благодеяние роду человеческому, что не пощадил ничего относящегося к сему, но все богатство свое вложил в природу, ибо сказано: «в том живет всяко исполнение Божества телесне» (*Кол.2:9*), явно что во Спасителе познаем мы последний предел Божественного человеколюбия и своими делами один Он научил людей тому, как возлюбил Бог мир и каково попечение Его о роде человеческом. Посему и Никодима, дабы познал он человеколюбие Отца, приводит к сему и указывает на сей прекрасный знак Его беспредельной благости: «тако бо, говорит, возлюби Бог мир, яко и Сына своего Единородного дал есть, да всяк веруяй в онь не погибнет, но имать живот вечный» (*Ин.3:16*). Ибо если больше и лучше тех дарований, какие Отец вложил в природу при нисшествии Его Единородного, Он не мог дать ничего, ясно что благость и человеколюбие не могли получить славы больше той, какую получил здесь, а посему Спаситель сим способом через себя Самого воздал Отцу честь, достойную и Себя Самого, и Родившего. Ибо честь Божия что иное, как не то, чтобы всего яснее обнаружилось, что Он благ? И эту славу давно надлежало принести Ему, но никто из людей не мог воздать ее, и посему говорит: «аще Отец есмь аз, где слава моя» (*Мал.1:6*). Ибо одному Единородному возможно сохранить все, что требовалось для Отца, и сие самое показывал, именно что один Он мог вступить в сей подвиг, совершив все дело к славе Отца. Он сказал: «Аз прославих тя на земли, ...явих имя твое человеком» (*Ин.17:4, 6*) надлежащим образом. Ибо Слово носит точный образ Родившего, есть сияние славы и образ ипостаси Его. И после того, как приобщился Он плоти, для живущих в чувстве понятно стало, что он изъяснил всякое благое желание Родившего его ума. На сие, думаю, указывает то, что сказал Спаситель Филиппу, искавшему видеть Отца: «видевый Мене, виде Отца» (*Ин.14:9*), и на сем основании сказал Исайя: «нарицается имя Его велика совета Ангел» (*Ис.9:6*).

Таким образом, Единородный, не опустив ничего касающегося славы Отца, один разрушает средостение вражды и освобождает человека от осуждения. Поелику же по другой из природ, т.е. по нашему человечеству, почтил Отца двойственный Иисус, и от тела своего и крови сплел Отцу оный чудный венец славы, потому одно врачевство от греха – тело Христово, и одно отпущение грехов – кровь Его. Ибо для сего и воплотился он в начале, чтобы прославить Отца, и как сказал Сам Спаситель, на сие родился и на сие пришел в мир, и во все остальное время частью для сего совершал всякое дело, частью же выше сего понес труды. И это тело соделалось хранилищем полноты Божества и было непричастно всякого греха, исполнило же всякую правду, возвестило однородным неведомого им Отца, и одним сказало о Нем, другим показало Его, – то самое тело, которое пожерто на крест, и будучи ведомо на заколение, трепетало, и мучилось, и облито было потом, и было предано, и схвачено, и претерпело беззаконных судей, и свидетельствовало пред Понтийским Пилатом доброе исповедание, как говорит Павел, и потерпело наказание за исповедание – смерть и притом на кресте, и приняло бичи на рамена, в руки и ноги гвозди, в ребро копье, болело бичуемое, скорбело, пронзаемое гвоздями, – та самая кровь, которая, истекши из ран, угасила солнце, и поколебала землю, и освятила воздух, и весь мир омыла от нечистоты греха. Потому как писанный закон необходимо имел нужду в законе духовном, несовершенный в совершенном, немогущий соделать исполнителя совершенным, в могущем; так и те, кои, согрешив после купели, трудами и слезами испрашивают благодати, имеют нужду в крови нового завета и пожертом теле, так как без них нет ничего вспомоществующего.

А Божественный Дионисий говорит, что и священные оные таинства не совершали бы, и сами не имели бы силы, если бы не была предложена священная трапеза, тем менее возможно, чтобы труд и правда человеческая могли отпускать грехи и производить что-либо подобное. Хотя одно из Священных таинств людей, сознавших свои грехи и исповедавшихся пред священником, освобождает от великой ответственности пред Богом Судиею, но и оно не может быть действенно, если не будут они вкушать священной вечери. Потому омываемся мы однажды, а к трапезе приступаем часто, потому что каждому человеку случается прогневлять Бога, а для того, чтобы искушаемые освободились от осуждения, им нужны покаяние, и труды, и победа над грехом. Но что можно сделать против греха, если одно только врачевство предложено для человеческих зол? Ибо как хорошая маслина, будучи привита к дикой, сразу переменяет ее свойства на свои, и плод бывает уже не такой, какой свойствен дикой маслине; подобным образом и правда людей сама по себе не ведет ни к чему, а для соединившихся со Христом и приобщившихся плоти и крови Его, тотчас делаются возможными высшие из благ, отпущение грехов и наследие царства, что составляет плод правды Христовой. Ибо как от священной трапезы получаем мы тело Христово, тело благ превосходящих, так посему и правда наша бывает отсюда правдой Христоподобной. Ибо нужно думать, что изречение: «тело Христово есмы, и уди от части» (*1Кор.12:27*), сказано не об одном теле, но справедливее изъяснять его об общении в душе и ее действований. Посему и словами: «прилепляяйся Господеви, един дух есть» (*1Кор.6:17*) обозначается, что общение сие и существование состоит преимущественно в уме и душе. Для сего не одним телом облекся Он, но принял и душу, и ум, и желание и все тому подобное человеческое, дабы можно было всецело соединиться с нами, и всецело обитать в нас, и нас разрешить в себя, со всем нашим соединяя все свое; почему с согрешающими Он несообразен и несоединим с ними, ибо в сем только общее у нас с Ним. Ибо и все прочее и принять от нас человеколюбие, и сообщает нам человеколюбиво. Ибо в одном случае нужно было Богу снизойти на землю, в другом нас возвести на небо, там Ему вочеловечиться, здесь человеку быть обожену, там вообще освобождает природу от поношения в одном теле и в одной душе победив грех, здесь каждого из людей очищает от грехов и сопоставляет Богу, а сие человеколюбнее оного. Ибо когда невозможно было нам возшедши соединиться с Ним, Он, сошедши к нам, воспринял наше и столь искренно соединился с воспринятым, что, отдавая нам воспринятое от нас, передает и свое, и приобщаясь плоти и крови человеческой, мы душами принимаем Самого Бога, и тело Божие, и кровь, и душу Божию, и ум, и желание, нисколько не менее, как и человеческое. Ибо надлежало и сему быть и оному соделаться врачевством моей немощи. Ибо если бы он был только Бог, не соединился бы таким образом, и как соделался бы вечерей для нас? Если же был бы только тем, что мы, не совершил бы сего. А теперь и то и другое вместе; таким образом, с одной стороны соединяется и сроднятся с людьми, как с однородными, с другой может превысить и победить естество и переменить в Себя. Ибо большие силы не позволяют меньшим силам оставаться тем же, когда соединятся с ним, и железо ничего железного не сохраняет, сходясь с огнем, и земля и вода, будучи подвержены действию огня, переменяют свои свойства в свойства огня. Если в однородных силах лучшие так действуют на худшие, что должно думать об оной выше естественной силе? Ясно, что когда изливается в нас Христос и соединяет с нами Себя Самого, Он переменяет и в Себя преобразует нас, как бы малую каплю воды, влитую в беспредельное море мира; ибо миро столько имеет силы над впавшими в него каплями, что не просто делает их благоуханными, и только пахнущими миром, но самым благоуханием, природой самого излиянного на нас мира. «Христово бо, – сказано, – благоухание есмы» *(2Кор.2:15)*. Таковую силу и благодать имеет вечеря для приобщающихся, если, приступив к ней чистыми от всякого зла, и впоследствии не привнесем ничего лукавого; ибо когда мы таковы и так приготовлены, ничто не препятствует Христу приискренно соединиться с нами. «Тайна сия велика есть»

(*Еф.5:32*), говорит блаженный Павел, восхваляя сие единение. Ибо это и есть оный знаменитый брак, на который всесвятый Жених как деву приводит невесту свою – *Церковь*. Ибо здесь Христос воспитывает лик присных Своих, посредством сего одного таинства мы соделываемся плотью от плоти Его и костями от костей Его. Этим самым Апостол, определяя брак, показывает, что Христос есть жених, и имеет невесту, как говорит невестоводитель Иоанн. Сие таинство есть свет для очищенных уже, очищение для очищаемых еще, помазание для подвизающихся против лукавого и против страстей. Ибо для одних уже не остается ничего иного, разве только, подобно глазу очищенному от тины, принимать свет мира, а для нуждающихся в том, кто имел бы силу очищать, какое может быть иное очищение? Ибо кровь Сына Божия очищает нас от всякого греха (*1Ин.1:7*), говорит по преимуществу возлюбленный Христу Иоанн. А кто не знает, что победу над лукавым получил один Христос, тело Коего есть единственный трофей над грехом, и что может Он подавать помощь подвизающимся посредством того тела, в котором пострадал сам и победил, когда подвергался искушению? Ибо поелику плоть не имела ничего общего с духовной жизнью, и была ей чрезмерно неприязненна и враждебна – ибо «плоть, – сказано, – похотствует на духа» (*Гал.5:17*), посему против плоти измышлена плоть, против земной духовная, и законом плоти разрушается плотской закон, и плоть покоряется духу, и помогает против закона греха. Посему никому не-возможно было жить духовной жизнью, пока не была еще создана сия блаженная плоть; тогда не спасал и самый закон, хотя не совсем чуждый любомудрия, и не имел никакой силы в людях, так как самая природа наша помогала прирожденной нам худшей части. Ибо немоществоваше, – сказано, – закон плотию (*Рим.8:3*), и нужна была другая плоть, могущая дать ему силу. «Немощное бо, – сказано, – закона, в немже немощество – ваше плотию, Бог Сына своего послав в подобии плоти греха осуди грех во плоти» (*Рим.8:3*). Посему мы всегда имеем нужду в сей плоти и постоянно наслаждаемся трапезой, дабы действен был в нас закон духа, и для жизни плоти не оставалось никакого места, и не имела она времени склоняться к земле, подобно тяжелым телам, лишившимся поддержки. Ибо таинство сие совершенно во всем, и нет ничего такого, в чем приступающие имели бы нужду, и чего оно не доставляло бы им вполне. Поелику же худое свойство вещества не дозволяет печати оставаться неизменной: «имамы бо сокровище сие в скудельных сосудех» (*2Кор.4:7*), – посему не однажды, но постоянно принимаем врачевство, и художнику всегда нужно приседеть брению, и тотчас восстановлять сливающийся образ, и нам нужно постоянно иметь руку врача, поддерживающую ослабевающее вещество и исправляющую уклоняющуюся волю, чтобы не похитила нас пришедшая смерть. Ибо мертвых, – сказано, – нас сущих прегрешениями сооживи Христом, и «кровь Христова очистит совесть нашу от мертвых дел, во еже служити нам Богу живу и истинну» (*Еф.2:1; Евр.9:14*). Ибо истинную жизнь от Божественного оного сердца привлекает в нас сила священной трапезы, и чтобы часто служить Богу – есть ее же дар. Ибо если чистое служение Богу состоит в том, чтобы подчиняться, покоряться Ему, делать все по Его внушению, не знаю, когда лучше можем мы быть покорны Богу, если не тогда, когда становимся членами Его? Ибо кто и над кем может лучше господствовать, нежели как глава над членами? А дабы соделаться членами Христовыми, сие, и при действии всякого иного священного таинства, совершеннее дарует нам хлеб жизни. Ибо как члены живы посредством главы и сердца, так «ядый, –

сказано, – Мя и той жив будет Мене ради» (*Ин.6:57*). Можно жить посредством пищи; таинство же имеет не такой вид, ибо пища, не будучи сама живой, не может сама собой ввести в нас жизнь. Поелику же она помогает жизни, присущей телу, то и представляется, что она есть причина жизни для приемлющих ее. А хлеб жизни сам жив, и ради него истинно живы те, коим преподается он, почему и пища претворяется в питающегося, и рыба, и хлеб, и все иное вкушаемое в кровь человеческую, здесь же все напротив. Ибо хлеб жизни сам движет питаемого, и изменяет, и прелагает в себя самого, и что свойственно только сердцу и голове, мы движемся и живем, и в сем уподобляемся Ему, как и Он имеет жизнь; что показывая и Сам Спаситель внушает, что не вид пищи поддерживает жизнь нашу, но Сам Собой вдыхает Он ее и доставляет, как сердце или голова, членам жизнь, потому и назвал себя хлебом живым, и сказал: «ядый Мя, и той жив будет Мене ради» (*Ин.6:57*).

Итак очевидно, что поклоняться Богу духом и истиной, и служить Ему чисто – есть дело священной трапезы; ибо не только быть членами Христа и уподобляться Ему сим образом даруют нам сии таинства, но и то, что мертвым нельзя служить живому Богу, а соделаться живыми и освободиться от мертвых дел не иначе можно, как всегда вкушая сию вечерю. Ибо так как Бог есть Дух и поклоняться Ему должно духом и истиной, так и живым надлежит быть тем, кои избирают для себя служение живому, ибо сказано: «несть Бог Бог мертвых, но живых» (*Мф.22:32*). И так и жить по правому слову и устремляться к добродетели – значит служить Богу, но сие было делом и рабов, ибо сказано: «егда сотворите вся сия, глаголите, яко раби неключими есмы» (*Лк.17:10*). А сие служение свойственно одним сынам, а мы призваны не в число рабов, а в лик сынов. Потому и приобщаемся мы плоти и крови Его, ибо «дети, – сказано, – приобщишася плоти и крови» (*Евр.2:14*). Почему и Он, дабы соделаться Отцом нашим и иметь возможность сказать: «се Аз и дети, яже ми даде Бог» (*Ис.8:18*), соделался общником нам в плоти и крови. Почему и мы, чтобы соделаться чадами Его, необходимо должны принять принадлежащее Ему, и таким образом, не членами Его только соделываемся посредством таинства, но и чадами, так чтобы служить Ему, покоряясь добровольно и по произвольному желанию, подобно чадам, а точнее подобно членам; ибо так удивительно и столь сверхъестественно служение, что нужен и тот и другой образ, – и сынов и членов, так как один из двух недостаточен для обозначения сущности. Ибо что удивительного в том, что не имеющие сами в себе никакого движения движутся Богом, подобно как члены главою? Что великого в том, чтобы покоряться Отцу духов, также как отцам по плоти? Но то и другое вместе преестественно; когда, сохраняя свободу разума как дети, можем подчиниться как члены. И в сем важность прославляемого усыновления, не в слове состоящего, как у людей, и не потому только почитаемого. У нас усыновляемые сообщаются с родителями только в имени, и ради сего только общий у них Отец, а нет ни рождения, ни скорбей его. А здесь есть и рождение истинное, и общение с Единородным не по имени только, но самым делом, общение крови, тела, жизни. И что лучше, когда сам Отец признает в нас члены Единородного Своего, когда самый образ Сына находит в лицах наших? «Ибо сообразных, – сказано, – быти предустави образу Сына своего» (*Рим.8:29*). И что говорить об усыновлении, когда сие сыноположение искреннее и родственнее сыновства естественного и когда рожденные так больше сына Бога, нежели родивших их, и настолько больше, насколько последние более усыновивших. Ибо что соделывает истинными отцами нашими? То, что из плоти их имеем мы плоть сию, и из кровей их произошла жизнь наша. Тоже имеем мы и в отношении к Спасителю, – мы плоти от плотей Его и кости от костей Его; но между тем и другим общением велико расстояние. Ибо в естественном порядке кровь детей теперь не то же, что кровь родителей, а была их кровью прежде, нежели сделалась кровью детей, и самая порода состоит в том, что теперь детям принадлежит то, что прежде принадлежало родителям. А дело таинства таково, что кровь, которой живем, и теперь есть кровь Христова, и плоть, которую создает для нас таинство, есть тело Христово, и общи члены и обща жизнь. Таково истинное общение, когда и тому и другому присуще одно и то же, и притом в одно и то же время; а если каждый имеет попеременно сначала один, потом другой, то не столько общение, сколько разъединение. Ибо не совокупляет то, что находится не в том и другом одинаково, а что каждый имеет отдельно, почему и не сообщаются они друг с другом, и никогда не были истинно общи в чем бы то ни было. Но хотя одно и тоже то, что прежде принадлежало одному, а теперь принадлежит другому, но это только некоторый вид общения. Ибо нельзя назвать сожителем того, с кем жил в одном доме, если живущий после не имеет ничего общего с тем, кто жил прежде, ни в начальстве, ни в делах, ни в мыслях; но называют сожителем того, кто не только живет в том же месте, но и занят теми же делами и притом живет в одно и тоже время. Подобным образом бывает и здесь; с родившимися не волне и не в одно и то же время имеем общее по плоти и крови, а с Христом мы сообщаемся истинно, с Ним всегда общи у нас и тело, и кровь, и члены, и все подобное. Если чадами соделывает то, чтобы быть общниками плоти и крови, ясно, что мы сродственные становимся Спасителю через трапезу, чем самим родителям через естество, ибо Он не удаляется, дав жизнь и существование, как они, но всегда присутствует и соединяется и сим самым присутствием животворит и укрепляет. И при отсутствии родивших ничто не препятствует существовать, а удалившимся от Христа не остается ничего иного, как умереть. И почему не сказать больше? Ибо сынам существовать самим по себе не иначе возможно, как отделившись от родивших, а сие самое, что они родили, другие родились, производит начало разделения. А всыновление в таинствах состоит в сосуществовании и общении, а это уже значит быть поглощену и не существовать. И так, если кто общение обозначает именем родства и тех называет родными, кои соединены общей кровью, то одно может быть общение крови, одно сродство и усыновление, то самое, которым мы сообщается с Христом. Почему и об естественном рождении умалчивает, когда рождаются сим рождением. Ибо сказано: «елицы прияша Его, даде им область чадом Божиим быти» (*Ин.1:12–13*), хотя были рождены и были у них плотские родители и оное рождение прежде сего, но второе настолько превзошло прежнее, что не осталось ни следа, ни имени его, и таким образом священный хлеб, вводя нового человека, с корнем исторгает ветхого. И это дело Священной трапезы, ибо принявшие Его, – сказано, – рождены не от крови; когда принимаем хлеб, мы узнаем сие изречение: также и то, о каком из таинств сказано оно, разумею же слово, приимите. Ибо ясно, что сим словом приглашаемся мы к трапезе некоторой, и руками истинно берем Христа, и устами принимаем, и душою соединяемся, и телом сообщаемся, и кровью смешиваемся, и сие на самом деле. Ибо для тех, кои таким образом и принимают Спасителя, и постоянно сохраняют Его – Он есть сообразная глава, а они для него приличные члены, членам же следует родиться одним и тем же рождением с головой. Не от крови плоть оная, не от похоти плоти, не от похоти мужа, но от Бога Святого Духа, «рождшеебося в ней, – сказано, – от Духа есть Свята» (*Мф.1:20*), прилично, чтобы и члены были рождены таким же образом, чтобы рождение главы было то же, как и рождение блаженных членов. Ибо что члены составлены, это значит то, что глава рождена. Если же началом жизни для каждого служит рождение и начинать жить значит родиться, а Христос есть жизнь для прилепляющихся к Нему, то они рождены тогда, когда Христос вошел в сию жизнь и родился. Такое обилие благ рождается для нас от Священной трапезы: она освобождает от наказания, снимает стыд греха, возвращает красоту, привязывает к Самому Христу крепче естественных уз, словом сказать, преимущественно перед всяким таинством делает совершенными в истинном Христианстве. Здесь многим пришлось бы удивляться касательно таинства, что будучи совершеннее всех, меньше, по-видимому, крещения имеет силы к уничтожению вины, хотя и больше его; ибо оное совершает без всякого труда, а сие после предварительных трудов. И у очищенных там нет никакого различия с теми, кои не получали совсем древнего осквернения, а из приступающих к вечери на многих есть следы грехов; и рассматривая точнее, нужно сказать следующее: поелику сии четыре вещи усматриваются в согрешающих: совершитель греха, худое действие, вина за сие, и от сего вложенная в душу склонность к худому; то здесь надлежит действующему изменить действие и прекратив его, идти в купели, а все остальное, хотя бы никто ничего не сделал, крещение уничтожает вдруг, и вину, и болезнь, так что веруем, что уничтожается и самый грешник, ибо умирает он в водах и новым человеком бывает тот, которого отдает купель. А священный хлеб, кого приемлет уже после скорби и трудов, тому справедливо отпускает вину грехов, но не омывает душу от злого навыка и не умерщвляет его, ибо не может воссоздать снова, и один сей знак греха оставляет неизменным и допускает оставаться тому, что хотя не подлежит осуждению, но тем не менее есть дерзновение на проступки. Есть такие, кои носят на себе знаки болезни и язвы древних ран, когда меньше, чем нужно заботятся о ранах своих, и представляют приготовление души, не соответствующее силе врачевства. И оное очищение отличается от сего тем, что не умерщвляет согрешающего и не воссоздает, но только очищает, между тем, как он остается тем же, да и сие бывает для нас не без трудов. Но сие относится не к таинству, а приводит к самому существу дела, именно, что виновным нужно очищаться, там омываясь, и здесь вечеряя. О том, что нужны труды, скажу следующее: Крещение, принимая еще не созданных и не приобретших какой-либо силы стремиться к лучшему, не напрасно все сие совершает в нас туне и не требует от нас ничего, так как мы не можем принести ничего. А трапеза, предлагаемая уже созданным и живущим, и могущим достаточествовать самим по себе, оставляет пользоваться силой и данными оружиями, и стремиться к добру, так как мы уже не насильно бываем приводимы и влекомы к ней, но по собственному изволению и сами по себе стремимся и направляемся к ней, как умеющие уже совершать течение. Ибо зачем и получать то, чем не должно пользоваться? Зачем укрепляться и вооружаться намеревающемуся сидеть дома? Если бы ни для просвещенных в начале, ни для желающих очиститься впоследствии не были благовременны борьба и труды, не знаю, как были бы мы полезны для самих себя: какое было бы дело человека с прекращением стремления к добродетели. Даже более, что было бы и хуже того дела, чтобы не делать ни одного похвального дела, а для злого всегда иметь деятельную душу. Чтобы для людей избрано было место для дел и время для подвигов, надлежит соделаться мужами совершенными тем, кои получили уже от таинств возможность и имеют силу делать дело сообразно с природой, и когда является день, который сотворил для сего Господь, уже не сидеть, но выходить на дела, и как говорит Давид, исходить человеку «на дело свое и на делание свое до вечера» (*Пс.103:23*). Ибо как после обыкновенного дня наступает ночь, в которую никто не может делать, так и прежде дня была совершенная невозможность делать и никто не знал, куда должно идти, поелику была ночь на земле, в которой, – сказано, – «ходяй... не весть, камо идет» (*Ин.12:35*), а когда воссияло солнце и повсюду через таинства разлился луч солнца, необходимо, чтобы не было никакой остановки в делах и трудах человеческих, но в поте лица нужно снедать хлеб сей наш, как за нас ломимый, особенно же потому, что назначен он для одних обладающих разумом, и должно, как говорит Господь, делать «брашно пребывающее» (*Ин.6:27*), что служит повелением, чтобы к сей вечери приступали не ленивые и недеятельные, но делающие. Ибо если Павлов закон отводит ленивых и от гиблющей трапезы, не трудивыйся, – сказано, – ниже да ясть (*2Сол.3:10*), какие потребны дела призываемым к сей трапезе?

А что таким образом надлежит прикасаться к священным дарам и посему самим нам нужно очищаться прежде таинства, это ясно из сказанного, а что оно не только не меньше других таинств, но и больше имеет силы, явно будет из следующего. Ибо, во-первых, если лучшим более дарует Бог, Который и ярмом некоторым, по пророку, утверждает милость (*Иер.5:5*), и правдой творит все, то когда еще лучшими соделывает нас уже принявших таинства и уже подвизавшихся в добродетели, нежели когда еще не были омыты совсем, следует, чтобы и благодать сия была лучше одной и высшие блага получали уже принявшие оное таинство. Первое есть крещение, а второе – священная вечеря, которую настолько надлежит почитать совершеннейшей, насколько большее требуется приготовление от желающих приступить к ней. Ибо несообразно, чтобы, когда все желают лучшего, менее даваемо было тем, кои очищаются подвигами, нежели тем, кои очищаются только таинствами. Напротив, здесь благоразумнее отдавать преимущества и почитать совершенным то, чего нельзя получить без многих и мужественных дел. Потом и сие нужно знать, что Христос, насыщая нас, споборствует нам, споборник же подает руку не лежащим и не больным, а исполненным силы и дерзновения и мужественно противостоящим врагу. Ибо Сам Христос, действующий в каждом таинстве, всем бывает для нас: творцом, укреплением, споборником, первым когда омывает, другим когда помазует, последним когда питает. Там в начале устрояет члены, здесь укрепляет их Духом, а в святой трапезе присутствует приискренно и помогает в подвиге, и по окончании его будет подвигоположником, и воссядет со святыми как судья тех трудов, в коих Сам был общником, потом Сам же Он и победа, и когда нужно увенчать испытанных, – венец их. К тому же, чтобы могли дерзать на подвиги любомудрия и совершать их, – для сего образующий и помазующий дарует все, споборствует же не во всем, и во время подвига даже ни в чем. Ибо тому, кто укрепляет и созидает, неприлично оставить без внимания все, что может быть приготовлено для подвижника, равно и споборнику закон общения не позволяет все взять на себя самого, и другому предоставит наслаждаться, а самому одному приготовляться на брань, и подвигоположнику неприлично ни самый венец сплетать, ни делать и уготовлять врачевства, ни пособлять подвижникам в победе или мужеством, или силой, или крепостью, и чем-либо подобным, а только уметь украшать победу, когда она есть и для всех очевидна. А для самых мужественных лучше быть увенчанными, нежели только подвизаться для победы, и лучше быть победителями, нежели только быть приготовленными к победе. Ибо сие для победы, победа же ради венцов. Но если бы признаком несовершенства и худшей участи служило то, что не совсем очищает, не приготовляет, и не образовывает, то и самый совершенный предел блаженства мало служил бы к благополучию. Разумею то, что при трапезе под покровом принимают Самого увенчивающего Бога, так что трапеза имеет и приготовление некоторое, и очищение, а венцов сих совсем не имеет. Посему не должно удивляться, если вечеря, будучи таинством более совершенным, менее, по-видимому, очищает, особенно же когда, по сказанному, и награда за подвиг есть ее дар, и такого рода награды не соделывают и не производят победителей, а показывают только и укрепляют их. Ибо в вечере Христос не очистилище только и споборник, но и награда, которую нужно получить подвизавшимся; ибо какая иная награда блаженным за здешние труды, как не то, чтобы принять Христа и сожительствовать с Ним? И Павел сказал, что после оного течения разрешение отсюда получает успокоение в самом последнем – соединении со Христом; «разрешитися, – говорит, – и со Христом быти много паче лучше» (*Флп.1:23*), и сие по преимуществу дело трапезы. Ибо хотя и в других таинствах можно обрести Христа, но так только чтобы возможно было приготовиться к соединению с Ним, а здесь так, чтобы истинно принять Его и соединиться с Ним. Ибо в сем одном из всех таинств и единое тело, и единый дух, и пребывание в Нем, и возможность иметь Его в себе, почему, думаю, и Сам Христос блаженство праведных назвал вечерею, на которой прислуживает Сам Он (*Лк.12:37*).

Таким образом, и хлеб жизни служит наградой. Поелику же приемлющие сей дар еще попирают землю и совершают путь, поелику и прахом засаривают, спотыкаются, и страшатся рук разбойников, то для всех представляющихся им нужд вполне достаточен сей хлеб, – он и силу поддерживает, и служит вождем, и очищает, пока не достигнут туда, где, по слову Петра, «хорошо... быть» человеку (*Мф.17:4*), так как для пребывающих уже в свободной от дел стране не нужна никакая иная страна, и единственный венец их есть Христос, искренно спребывающий им. И потому Христос, как очищение и для сего существующий от начала, очищает нас от всякой скверны, и как общник наш в подвигах, в которых служит и вождем, прежде всех вступив в них, подает нами силу против врагов. Поелику же он награда, то и не без трудов; если же вечеря есть награда и последнее блаженство, какое основание доказывает, что она имеет силу меньше других таинств? Подобным образом должно рассуждать, и думать и о прочем, что оно не опровергает совершенства таинства. Не потому не воссоздает оно поврежденного грехом, что немного имеет силы, но потому, что он сам не может сего принять и получить, так как имеет еще первое создание, о котором сказано в предшествовавших словах, и которого не может уничтожить и исторгнуть из души однажды крещеных даже самое крайнее зло, если они не дерзнули отречься от того служения, какое исповедали общему Владыке, и так как и высшая философия не могла вложить более, чем простое исповедание, и далее потому, что человек еще остается лучше умершего и уничтоженного, а без сего невозможно воссоздание. Ибо смерть есть признак ветхой породы, и может умереть тот, кого произвела персть: «секира, – говорит Иоанн, – при корени древа лежит» (*Лк.3:9*). А омытый носит уже нового человека и как же можно умереть тому, кто соединен с Адамом, который уже не умирает? И для кого умирать ему, когда он уже носит в душе Того, для принятия Кого нужно умереть? А сего нельзя получить и от самой купели. Каким образом оное таинство может быть лучше сего в том, чего нельзя одинаково найти у обоих? Ибо и крещение не имеет такой силы, чтобы уже существующих и сотворенных возрождать вновь, и посему священный закон ни одного человека не омывает дважды, не обычай какой-либо сохраняя и порядок, но потому что дважды родиться одним и тем же образом невозможно.

Но может быть, скажет кто-либо, что крещение же есть и то, чтобы умереть, показав перед гонителями истинное богопочтение, а многие из совершенных водой прошли и по сему пути, приняв сие вторую купель, а на сие нужно сказать следующее: что касается до предызбранных сопребывать и жить со Христом, для них нужно для благого создания, с одной стороны быть созданными от руки оной, с другой посредством добродетели и похвальных дел самим достигать сего. Крещение водой создает человека и только в сем одном имеет и то и другое; и то, что дарует вода, и то, что должно быть привнесено нами. И потому для не принявших еще таинства оно есть крещение и создание, когда они свидетельствуют о Христе и спогребаются Христу, в чем и состоит цель крещения; есть и добродетель, полная подвигов ради добра и крайнего мужества; а для получивших таинство первым она не бывает, так как они созданы уже и живут, вторым же бывает, ибо служит подвигом благочестия и обнаружением добродетели и того, что они знают Христа и любят Его выше всего, что может быть любимо, и ничего не почитают несомненнее надежды на Него, – для всего этого она служит живым свидетельством, подтверждающим сие и мечом, и огнем, и всяким насилием. И посему однажды принявшим крещение никак непозволительно опять употреблять его, так как оно не может даровать ничего более того, что мы, получив от него, уже имеем, а подвергать мученичеству вполне возможно, так как оно может не возрождать только и творить, но и венцы сплетать за мужественные дела, и посему не получившим таинства доставляет и то и другое, а получившим таинство только одно из двух. Ибо когда оно полезно в двух отношениях, ничего странного нет в том, чтобы не имеющие нужды в обоих, получали одно в двух, то именно, в чем нуждаются. И дары священной трапезы могут очищать еще не получивших сего, могут и просвещать уже очищенных и подобным образом ничто не препятствует приступать к таинству ради второго, когда кто имеет уже первое. Но о сем довольно.

От того началась речь наша о сем, что всецелое общение людей с Богом, нужно ли назвать его служением, или усыновлением, и тем и другим вместе, производит именно священная вечеря, которая соделывает нас родственными со Христом более, нежели рожденных с самими родителями их. Ибо не слабые некие основания тела влагает в нас, и не малые начатки крови, но совершенное тело и кровь сообщает нам Господь, и не виновник только жизни Он, как родители, но и самая жизнь, и не потому называется Жизнью, что виновник жизни, как Апостолов называет светом, потому что они руководители света для нас, но потому, что есть то, чем должно жить поистине, есть самая жизнь, поелику и святыми соделывает прилепившихся к Нему и праведными, не только наставляя и научая чему должно, и упражняя душу в добродетели и приводя в действие ту силу, какую имеет он в отношении к истинному разуму, но и Сам, будучи для них правдой от Бога и освящением. Сим-то преимущественно образом и совершается, что святые соделываются блаженными и святыми, ради соприсутствующего им Блаженного, через которого они соделались из мертвых живыми, мудрыми из неразумных, святыми и праведными и сынами Божиими из потребных и лукавых рабов. Ибо в них самих и в человеческой природе и ревности не было ничего, за что бы могли они истинно назваться таковыми, но и святыми именуются ради Святого, и праведными и мудрыми по причине сопребывающего им Праведного и Премудрого, и вообще, если кто-либо из людей истинно достоин слышать сие великое и досточестное, то оттуда получает и проименование, особенно же потому, что их собственные качества и усилия не только не могут соделать их праведными и мудрыми, но еще злом служит правда их, и явным безумием мудрость их. Хотя и весьма честными делает нас, и украшение доставляет нам добродетель, но поелику для сего мы имеем правду и мудрость, более, нежели человеческую, и достигаемую нашим тщанием, то и наименование прилично иметь от сей, а не от той. Ибо как не от постороннего и чуждого получаем мы прозвание, а обыкновенно получаем свидетельство и название от своего собственного и от того, что есть в природе нашей, ибо не дом или одежда располагает нас к тому или другому нраву, и не они дают имя добродетели или пороку, притом и из собственного их, — то более свидетельствует и дарует общее наименование, что более наше. А Христово гораздо более наше, чем наше собственное. Оно есть собственное наше потому, чтобы соделались членами, и сынами, и приобщились плоти, и крови, и духа Его; оно сродственнее нам не только того, что от подвига, но и того, что от природы, поелику Он оказался сродственнее нам самих родителей наших. Посему все мы обязаны не человеческое вносить любомудрие, не в подвигах оных быть твердыми, но жить самой новой жизнью во Христе и оказывать оную правду. Если бы она не была прилична нам, не была бы она особенно предназначена для нас. Ибо для того соединены мы со Христом через крещение, чтобы «ходить в обновление жизни» (*Рим.6:4*), и Тимофею говорит Павел: «емлися за вечную жизнь» (*1Тим.6:12*), и святи будете по звавшему святому (*1Пет.1:15*), и милосерда будите не милосердием человеческим, но «якоже и Отец ваш милосерд есть» (*Лк.6:36*), и да «любите друг друга, якоже возлюбих вы» (*Ин. 13:34*). Таковой любовью возлюбил Павел – «утробою Иисус Христовою» (*Флп.1:8*), почему и Сам Спаситель, повелевая ученикам иметь мир, даровал им Свой мир; «мир Мой, – говорит, – даю вам»(*Ин.14:27*), и к Отцу говорит: « да любы ею же Мя еси возлюбил, в них будет» (*Ин.17:26*). И как рождение есть нечто Божественное и превыше естественное, так и жизнь, и образ жизни, и любомудрие, и все сие ново и духовно. И объясняя сие, сказал Спаситель Никодиму: «рожденное от духа дух есть» (*Ин.3:6*). Посему и Павел: «да обрящуся, – говорит, – в Нем, не имый моея правды, яже от закона, но яже верою (Иисус) Христовою, сущую от Бога правду» (*Флп.3:9*). А писание говорит, что это есть царская одежда, ибо наша одежда рабская; свобода же и царство, к которому должно стремиться, каким образом будут рабскими? Ибо невозможно явиться достойными царства, не показав ничего более, кроме добродетели рабов. Ибо как тление нетления не наследует, нужно же тленному сему облещися в нетление и смертному сему облещися в бессмертие (*1Кор.15:53*); подобным образом и дела рабские не могут быть нам достаточны для царства, но нужна для сего правда от Бога. Ибо сыном надлежит быть наследнику, а не рабом, «ибо раб, – сказано, – не пребывает в дому во век, сын же пребывает во век» (*Ин.8:35*). Почему каждому из приходящих к сему наследию нужно, отложив вид раба, показать в себе сына, это значит, нося на лицах своих образ Единородного, с сею красотой явиться Родителю. И сие-то значит быть освобождену Сыном Божиим от всякого рабства и соделаться истинно свободным, что и разумеет оное речение Христа к Иудеям; «аще убо сын вы свободит, воистину свободна будете» (*Ин.8:36*). Ибо освобождает рабов и соделывает их сынами Божиими, потому что Сам, будучи Сыном и свободным от всякого греха, общими соделывает им и тело, и кровь, и дух, и все Свое. Ибо таким образом Он и воссоздал нас, и освободил, и обожил, соединив с нами себя всецелого, свободного и истинного Бога, и, таким образом, Христос, будучи истинной природой, нашим благом, учреждает для нас священную вечерю, превыше самого естества, так что мы и хвалимся ее благами, и как бы сами соделав доброе, приобретаем славу, и получаем от нее именование, если только сохраним общение, если тот, кто называется истинно святым и праведным и тому подобными похвальными именами, получает похвалу ради того, что получил от Него. «О Господе, – сказано, – похвалится душа моя» (*Пс.33:3*) и «благословятся о Нем вси язы́цы» (*Гал.3:8*). Потому не человеческое что-либо, но Христово должны мы и вносить в души и нося отходить, и прежде венцов всячески показывать таковое любомудрие, и соблюсти сие новое сокровище, не прилагая к нему ничего лукавого, поелику одна сия ноша достойна небесного царствия. Поелику же награда, какую должны получить подвизавшиеся, есть Сам Бог, нужно, чтобы сообразны были с наградой и божественны подвиги, и чтобы Бог был для подвижников не только помощником и вождем подвигов, но и Сам исправлял их, так чтобы искомая цель соответствовала приготовлению и приготовление – цели. Ибо, как на землю посылая нас, не сделал и не требовал от нас ничего выше естественного, так приводя к Богу и перелагая от земли, не позволяет иметь ничего человеческого, но в чем была для нас нужда, ко всему приспособил Себя Самого и не оставил без Себя ничего из того, что может приготовить к оной цели. Ибо, если кто наше назовет болезнью, а оное врачевством, то Он не только Сам пришел к страждущему, и осмотрел его, и подал ему руку, и Сам приготовил что нужно для врачевания, но соделался и самим врачевством, и образом жизни, и иным подобным, что ведет к уврачеванию. Если же это воссоздание, то из Себя Самого и из собственной плоти воззывает он нужное, и Сам становится тем, что может вознаградить поврежденное в нас. Ибо воссоздать нас не из того же вещества, из какого создал, но там сотворил, персть взяв от земли, а во второй раз даровал собственное тело и воссозидая жизнь, не душу находящуюся в естестве соделал лучшей, но изливая кровь Свою в сердца приемлющих таинство, рождает в них Свою собственную жизнь. Тогда вдуну, – сказано, – дыхание жизни, теперь же сообщает нам духа Своего; «ибо посла, – сказано, – Бог Духа Сына Своего в сердца ваша, вопиюща: Авва Отче» (*Гал.4:6*). Поелику и свет нужен был тогда, он изрек: да будет свет, и был свет рабский сей, а теперь воссиял в сердцах наших Сам Владыка, «рекий тогда из тьмы свету возсияти» (*2Кор.4:6*), как говорит Павел. И, словом сказать, в первые времена благодетельствовал роду человеческому посредством видимых сих тварей и руководил человека заповедями, и повелениями, и законами, при содействии то ангелов, то досточестных мужей, теперь же непосредственно Сам Собой и во всем действуя Сам.

Посмотрим же и еще. Дабы спасти род человеческий, Он не Ангела послал, но пришел Сам. Когда надлежало научить людей тому, для чего пришел Он, то, не в одном месте пребывая, посылал Он за слушателями, но Сам ходил, ища тех, кому бы преподать учение. И, нося на языке своем величайшие из благ, входил Он в двери тех, кои имели нужду в благодеяниях Его, и больных исцелял также, Сам приходя к ним, и касаясь их рукой, и очи создал слепорожденному, наложив на лицо брение, которое Сам образовал, плюнув на землю и смешав перстом, поднял Сам и помазал, и Сам «коснулся, – сказано, – одра» (*Лк.7:14*), и предстоял гробу Лазаря, и голос испустил вблизи его, хотя и издали, если бы восхотел, словом и одним мановением сие и большее сего все соделал бы Тот, Кто небо создал словом. Но то было очевидным доказательством Его могущества, а сие служит знаком человеколюбия, которое и пришел Он показать. Когда же надлежало разрешить узников во ад, и сие дело не вверил Ангелам или начальникам Ангелов, но Сам сошел в узилище. Надлежало же пленным не туне получить свободу, но быть выкупленными, потому и освобождает их, пролив кровь; сим же образом с того времени и до последнего дня освобождает и отпущает вину, и омывает нечистоту души. И Сам Он то, чем очищает; на что указывал Павел сказал: «Собою очищение сотворив грехов наших, седе одесную престола величествия» на небесех (*Евр.1:3*). Почему Павел и «служителем» называет Его (*Рим.15:8*). И Сам Он называет Себя «служащим» (*Лк.22:27*), и говорил, что пришел Он от Отца в мир, «чтобы послужить» (*Мф.20:28*), и, что больше сего, не в настоящее только время, когда Он пришел и явился в немощи человеческой не для того, чтобы судить мир, и показывал свойственное рабам, и скрывал все свойственное Владыке, но и в будущем веке, когда приидет с силой и явится во славе

Отчей, в откровении Царства Своего, «препояшется, – сказано, – и посадит их, и приступив послужит им» (*Лк.12:37*), хотя Им «цари царствуют... и властители... держат землю» (*Притч.8:15–16*). Ибо сим образом воцарился Он в чистом и истинном царстве, Сам Собой будучи достаточен для царства, и так направляет тех, коими обладает, что для них Он снисходительнее друзей, внимательнее властителей, любвеобильнее отца, сродственнее членов, необходимее сердца, не страхом склоняя их и мздой увлекая, но Сам, будучи и силой начальственной, и один Сам соединяя с Собой начальствуемых. Ибо царствовать страхом или обещанием наград не значит истинно начальствовать Самому, но причиной послушания нужно тогда считать надежды и угрозы. Ибо как не истинно начальствует тот, кто владеет иначе, так не значит и работать истинно как Богу, когда мы покорны Ему по каким-либо из указанных способов. Поелику же надлежало Ему царствовать чистейшей властью, а властвовать иной не было прилично, Он измыслил как достигнуть сего. И способ сей был самый удивительный. Он употребил противоположное, и, чтобы соделаться истинным владыкой, принимает природу раба, и служит рабам даже до креста и смерти, и таким образом уловляет души рабов и непосредственно руководит хотением их. Посему и Павел, зная, что сие служение есть причина царства, говорит: «смирил Себе, послушлив быв даже до смерти, смерти же крестный, темже и Бог Его превознесе» (*Флп.2:8*); и досточудный Исайя говорит: «сего ради той наследит многих и крепких разделит корысти, зане предана бысть на смерть души его и со беззаконными вменися» (*Ис.53:12*). Ибо Христос посредством первого создания есть Владыка природы нашей, а посредством нового творения Он овладел волей, это и значит истинно царствовать над человеком, когда Он управляет, связав здесь и поработив себе самовластие разума и самозаконие наше, что одно и делается человеком, почему и сказал: «дадеся Ми всяка власть на небеси и на земли» (*Мф.28:18*), как будто новое что получил предвечный Владыка мира, когда вместе с небесными и человеческое естество познало общего Владыку. И оное изречение Давида: «воцарися Бог над языки» (*Пс.46:9*), указывает на сие царство, в котором язы́цы, – говорит Павел, – суть сотелесники и сопричастники Христовы (*Еф.3:6*). Ибо, однажды соединившись таким образом с телами и душами, Он соделался Владыкой не только тела, но и душ и произволений, и истинно владеет благопотребным и чистым царством, управляя им Сам через Себя, как душа телом, и голова членами. А управляются те, кои решились возлюбить иго сие, как бы не живя разумом и не владея самозаконием произволения; «скотен, – сказано, – бых у тебе» (*Пс.72:22*), а сие значит возненавидеть и погубить душу свою, и самим погубленном спасти ее, когда новая тварь овладеет и новый Адам совершенно сокроет ветхого и ни в рождении, ни в жизни, ни в смерти не останется никакой ветхой закваски. И для ветхого человека тело составлено из земли, а новый, – сказано, – от Бога рожден (*1Ин.3:9*), и о той и другой жизни свидетельствует та и другая трапеза, ибо одну износит земля, а нового человека Преднебесный питает собственной плотью. Посему и по разрешению один возвратится в землю, из которой произошел, другой отойдет ко Христу, откуда взят, и каждый покажет кончину, сообразную с произведшим его в начале: «яков, – сказано, – перстный, такови и перстии, и яков небесный, тацы же и небеснии» (*1Кор.15:48*) и не по душе только, но и по самому телу. Ибо и оно небесное, как там то и другое перстное; ибо душа обитает в руках Небесного, а тело есть член Его, и души оно не имеет, а исполнено живущего Духа, и по окончании первой жизни живет лучше, нежели как и сказать можно, поелику истинно и не умирало от начала. Ибо только непщевани была умрети, – говорит Соломон, – и притом не премудрыми, а в очесех безумных (*Прем.3:2*). Ибо как «Христос возста из мертвых, ктому уже не умирает, смерть Им ктому необладает» (*Рим.6:9*), так и члены Христовы «смерти не имут видети во веки» (*Ин.8:51*). Ибо как вкусят смерть они, всегда соединенные с живым сердцем? Если видимое есть только персть и ничего нет более, не должно сему удивляться. Ибо сокровище внутри; живот наш, – сказано, – сокровен есть (*Кол.3:3*), а вместилищем его служит скудельный сосуд, «имамы бо сокровище сие в скудельных сосудех» (*2Кор.4:7*), сказал Павел. Почему, кому видно только снаружи, тем представляется одно брение, когда же явится Христос, и самый прах покажет свою красоту, потому что, будучи членом оного луча, откроется и уподобится солнце, и будет испускать общий с ним луч. Ибо «просветятся, – говорит, – праведницы, яко солнце в Царствии Отца их» (*Мф.13:43*), царством Отца называя оный луч, в сиянии коего явился Он, открывая Апостолам, видевшим, как сам сказал, самое Царство Божие, пришедшее уже в силе (*Мк.9:1*). Просветятся же и праведники в день оный одной светлостью и славой, когда они будут принимать, а Он сообщать свет. Ибо сей самый хлеб, сие самое тело, которое, отходя туда, понесут от сей трапезы, явится тогда на облаках пред очами всех и подобно молнии, в одно мгновение времени на востоке и западе, покажет свою красоту. С сим лучом живут блаженные здесь, и по смерти не удаляется от них свет. Ибо свет всегда с праведными и просвещаемые им отходят они в жизнь оную, устремляясь к Тому, с Которым всегда жили во времени. Ибо что случится тогда с каждым из воскресающих, именно что кости, и части, и члены, соединяясь с головой, составят целость тела, тоже будет и со Спасителем Христом, общей главой всех. Ибо сия глава едва только воссияет на облаках, отовсюду соберет собственные члены. Бог посреди богов, прекрасный вождь прекрасного лика, и как тяжелые тела, как скоро будут расторгнуты узы, удерживающие их в воздухе, падают к земле, и тотчас находят свое место, так и тела святых теперь привязаны к земле, преданы тлению и находятся под игом, и «посему – сказано, – воздыхаем в жилище сем, а когда явится свобода, неудержимым парением устремятся ко Христу, дабы занять собственное место». Почему Павел, показывая, что оное течение неудержимо, называет его восхищением; «восхищена, – говорит, – будем на облацех в сретение Господне на воздусех» (*1Сол.4:17*), и Сам Спаситель сказал, что поемлет их, говоря: «тогда два будета на селе, един поемлется, а друеий оставляется» (*Мф.24:40*), означая сим, что не человеческое это дело и не собственными совершается силами, как будто есть место собственному их усилию, но повлечет их и восхитит Сам Он, который не подлежит никакому времени. Ибо как в начале не дожидался, что искали Его, но Сам искал заблуждающих, и указал путь, не могших же идти по нем Сам нес, подняв на рамена Свои, и падающих воззывал, и ослабевающих духом исправлял, и удаляющихся призывал, и вообще заботливо болезнуя все совершил для спасения их, так и тогда совершающих последнее к Нему течение Сам восстановит, и для летящих Сам будет крылами. Потому и орлами именует сообщающихся к трупу; «идеже, – говорит, – труп, тамо соберутся орли» (*Мф.23:28*). Ибо от трапезы пойдут к трапезе, от сокровенной к явленной уже, от хлеба к телу. Ибо теперь Христос хлебы для них, еще живущих человеческой жизнью, и пасха, ибо переходят отсюда во град небесный; «тогда же изменят крепость, окрылатеют яко орли», говорит чудный Исайя (*Ис. 40:31*), тогда воссядут при самом теле, свободном от покровов. Указуя на сие, блаженный Иоанн говорит: «узрим Его, якоже есть» (*1Ин.3:2*), ибо Он уже не хлеб для них, когда окончится жизнь во плоти, и не пасха для пребывающих уже на одном месте, а признаков трупа имеет много. Ибо руки Его с язвами, и ноги Его имеют следы гвоздей, и ребра носят еще знак копья. К сему трупу ведет оная вечеря; без нее невозможно получить его, как с исторгнутыми глазами нельзя видеть свет. Ибо поелику не вкушающие вечери не имеют жизни в себе самих, как Бессмертный может быть главой мертвых членов? Ибо одна сила трапезы, и Один предлагает ее в том и другом мире, и одно есть брачный чертог, другое приготовление к брачному чертогу и иное есть сам Жених. Почему для тех, кои не с сими дарами отходят, не остается ничего более для жизни, а кому случилось и получить благодать и сохранить ее, те и вошли в радость Господа своего, и вступили с Женихом в брачный чертог, и иного утешения насладились на вечери, не тогда получив все, но в явлении Его чище ощущая то, что принесли пришедши. И такова причина, по которой «Царствие Божие внутрь нас есть» (*Лк.17:21*).

КАКОЕ СОДЕЙСТВИЕ ДОСТАВЛЯЕТ ЕЙ ОСВЯЩЕНИЕ СВЯЩЕННОГО ЖЕРТВЕННИКА

Таково значение священных таинств, и такое доставляют они нам приготовление к истинной жизни. Поелику же жертвенник есть начало всякого таинства, нужно ли принять вечерю или помазание, а также получить освещение, или участвовать в таинстве купели, – посему кроме сказанного, сколько возможно нам, рассудим о нем и о таинстве, коим утверждается он. Не думаю сделать что-либо ненужное и излишнее, а полнее сделаем слово, сказав об источнике, начале таинств, или как иначе называть сие нужно. Посему, изложив по порядку все, что бывает руками совершителя и из чего состоит жертвенник, посмотрим потом, какое значение каждого действия, и к чему совершается оно.

Прежде всего Иерарх, возложивши на себя белую срачицу и препоясавшись по рукам и прочему телу, припадает к Богу, преклонившись не на голую землю, и помолившись, чтобы достигнуть ему желаемой цели, со тщанием восстает на дело и, подняв лежащу трапезу, утверждает ее и укрепляет, не приказывая только, но и сам делая своими руками. Утвердив же ее, омывает теплой водой, молясь, чтобы вода сия имела силу очищать не только видимую нечистоту, но и от приражений демонских. Потом помазывает, изливая на него лучшее вино, и чистое, из роз сделанное, масло. После же сего приносит священное миро и помазует, трижды начертывая крест и воспевая Богу пророческую, торжественную песнь. Потом покрыв белой срачицей, украшает драгоценными одеждами и на них возлагает иные платы, помазанные миром, как и трапеза, которые, быв положены на верху трапезы, должны лежать непосредственно под священными книгами. И совершив сие, развязывает и снимает с себя срачицу, и, имея на себе архиерейское облачение, выходит в какой-либо соседний священный дом. Там, взяв на сие приготовленные кости святых мучеников и вложив их в какой-либо из сосудов жертвенника, в который полагаются страшные дары, и закрыв, чем закрывают их, благочестно поднимает их, и, неся на голове, идет к освящаемому храму; многие же чествуют шествие его свечами и пением, и фимиамом, и благовонными мазями. И когда, шествуя так, достигает храма, становится пред затворенными дверьми, повелевает же находящимся за дверьми отворить двери для Царя Славы, и сказав сам, и выслушав от находящихся внутри те самые слова Давида, кои влагает он в уста ангелов, говоривших друг другу при восхождении на небо Спасителя, и по отверзении дверей, входит во святилище, имея на голове покровенный сосуд оный. Потом входит в алтарь и к самой трапезе, полагает на нее, и открывает, и вынимает вложенное в сосуд сокровище, влагает его в хранилище, величиной соразмерное влагаемому, и после сего, излив на сие всесвятейшее миро, полагает его под священной трапезой. Когда же все совершено таким образом, дом становится уже домом молитвы, и трапеза уже назначена для жертвы, и уготована, и становится вполне жертвенником. А о причине, по коей, по совершении сего, становится оно святилищем, и почему, когда совершено сие священником, может быть оно и домом, и трапезой, мы скажем теперь, рассматривая каждое действие. Итак, облачение и то, что Иерарх так одетый приступает к совершению, представляет образ святилища, сообразно с человеческим понятием; ибо Давид говорит, что омывшись от всякого зла и паче снега убелившись приходит человек в самого себя, и собирается в себя, и истинно вселяет Бога в душу, и сердце свое соделывает жертвенником. Знаком сего служит в первом отношении то, что имеет на себе белое и блистающее облачение, в другом, что отовсюду в себе замкнут и заключен по телу. И, таким образом, прежде освященного места, в себе самом, сколько возможно показать жертвенник, потом к освящаемому месту простирает совершающую руку, поелику и у занимающихся художествами, и вообще у всех могущих трудиться, помысел прежде рук в себе самом совершает дело, а что измыслил он, то поставляет правилом для рук, которые и выражают сие на веществе. И живописцам возможно иногда писать по образцу, с картин составляя свое произведение, иногда же они пользуются для сего памятью, и в душе созерцают образец, и всякий знает, что это случается не с живописцами только, но и с ваятелями, и со всеми работающими художниками. И если бы нашлась какая возможность увидеть глазами душу художника, ты увидел бы самый дом, или статую, или иное какое-либо произведение, только без вещества. Потому Иерарх не тем только представляет образец жертвенника, что служит устроителем его, но и тем, что быть храмом Божиим и истинным жертвенником из всего видимого может одна человеческая природа, так что и вооруженный руками людей (жертвенник) сохраняет образ его, почему и надлежит, чтобы в сем действии дело являлось прежде изображения, и истина предшествовала образам. Ибо сказавший: кий дом созиждете Ми, говорит еще: вселюся в них и похожду; означает же, думаю, то, что желающий быть полезен другим должен прежде помочь самому себе, и удостоенный влагать в бездушное такую силу прежде сего должен самому себе доставить таковую пользу; как и Павел думает, что Епископ, намеревающийся быть благим для города и народа, должен начать с семейства, и долженствующий управлять домом прежде должен себя самого вести по правому слову. А для сего дела нужен Бог, ибо без содействия Божиего никто не может совершить как иного чего, так особенно таинств, в которых все есть единственно Его дело. Поелику общий владыка не приказывая промышлял о рабах и не советников послал к ним, но Сам пришел и Сам виновником был всего, что нужно для спасения, потому Иерарху, ученику Его, надлежит саморучно утвердить жертвенник, от коего для нас все пособия спасения; и совершает он сие имея в устах оный псалом; «вознесу тя, Боже мой, царю мой» (*Пс.144:1*), в котором содержится благодарение Богу и воспоминание чудес Его. Если закон Павлов повелевает благодарить за все, сколько справедливее благодарить за сие главнейшее из благ? После сего присоединяет иной псалом: «Господь пасет мя, и ничто же мя лишит» (*Пс.22:1*), и сим воспевает не просто человеколюбие Божие, но касается и настоящих событий. Ибо и о крещении упоминается в нем, и о божественном помазании, и о чаше, и о трапезе, носящей священный хлеб; крещение называет и водою упокоения, и местом злачным, и хорошо сказал пасомый Богом, что навсегда успокоится в нем. Ибо, поелику грех и труды причинил дерзнувшим на него, и землю для нас наполнил тернием, то правильно, думаю, вода, омывающая грех, называется по отношению к трудам водой упокоения, а по отношению к терниям, – местом злачным, а последним покоем потому, что и последнее благо, в коем успокоимся мы, ищущие Христа, здесь можно найти. И по той еще причине можно назвать водой упокоения, что она прекратила пожелание естества, что «желали, – сказано, – видеть многие цари и пророки» (*Лк.10:24*). Почему же Иерарх, припадая Богу и молясь, не касается непосредственно пола церковного, как не потому, что еще не получившее освящения не приспособлено к таинству, и дом, еще не сделавшийся домом молитвы, как надлежащим образом примет молящегося? Потому и наоборот Моисею, намеревавшемуся вступить на священную землю, надлежало снять обувь, как вступающему в непосредственное собеседование, также и посвященный Богу народ еврейский долженствовал некогда в обуви ходить по земле Египетской (*Исх.3:5*). Совершив сие, Иерарх священной водой омывает трапезу. Ибо так как общий мучитель поработив владыку видимого – человека, вторгся потом во все чувственное, как бы в царский дом по падении царя, то каждое таинство из чувственного заимствуя вещество, имеет нужду в чем-либо очищающем от владычества лукавого. Так и воду, в коей нужно крестить приступающего к таинству, священник сперва молитвами очищает от всякой дьявольской злобы, потом уже произносит и совершительное слово. По этой же причине и трапезу омывает прежде злогонительными водами, и вместе указывает образ, как должно стремиться к добру, т.е. уклониться прежде от зла, почему совершал сие и поет псалом; воспеваемый о зле человеческом: «окропиши мя иссопом твоим и очищуся, омывши мя и паче снега убелюся» (*Пс.50:9*), и после сего воздает благодарение Богу и прославляет Его. И сие в каждом из таинств. Ибо все совершать должно во славу Божию, а паче всего таинства, так как они и всего полезнее и от одного только Бога. Поелику же прежде божественной благодати нужно не очиститься только, но, насколько возможно нам, показать и соответствующие ей добродетели, так как невозможно иначе получить виновника благодати. (Ибо Бог дает молитву не спящему, а просящему, и споборствует подвизающемуся, и благодать целомудрия дарует тому, кто целомудрствует, сколько возможно, и вообще во всем желание искомого нужно показывать не тем, что желаем, но самими делами.) Потому прежде божественнейшего мира, которое должно сообщить жертвеннику благодать от Бога, намащает трапезу нашими благовониями, вином и миром, из коих одно доставляет нам только приятное, а другое помогает и жизни, чтобы показать человеческое, внося все, что наполняет всю жизнь нашу, т.е. необходимое для жизни и приятное, начинает с того и другого, поелику и сам Он (Христос), пришедши, и жизнь дал и большее приложил, не воскресив только и разрешив нас, но и воцарив и приобщив нас к нетленному наслаждению; потому и Иерарх прилагает к сему и миро, которое имея всякую силу для таинства, имеет отношение и к самой жертве. Поелику же Спаситель вначале совершил ее сими двумя: «приим, – сказано, – хлеб и благословив его рукой», то и мы должны искать и руки и слова; слова же произносят священники, и они бывают действенны, как бы Он Сам повелевал, ибо, «сие творите, – сказал Он, – в Мое воспоминание», а вместо руки имеет силу миро, и оно, по слову божественного Дионисия, вводит Иисуса. Но Апостолы и руку свою возлагали, и та же была благодать, а преемники их для сего таинства имели нужду в слове, только через него совершая таинство. Ибо для первых священников жертвенником служили руки, а для преемников их через них же устроил Христос тайнодейственные дома. Изливая же миро на трапезу, Иерарх не прилагает никакого слова, но только воспевает Богу песнь на языке Еврейском, включенную в немногие буквы, по смыслу же всесвятую песнь лика священных пророков. Ибо повествующим о бывшем прилично благохвалить продолжительным словом, а воспевать прославляемое прилично, включив песнь в немногие слова. Первое, думаю, прилично при восхвалении прошедших или будущих событий, чтобы вместо их самих для созерцающих служили слова, а второе, думаю, прилично настоящим и совершающимся, когда дела явны сами по себе, и слова нужны не столько для того, чтобы выразить удовольствие возвещающих, сколько для того, чтобы показать удивление, как и пророки пророкали только до Иоанна. Ибо здесь какая нужда была в вестниках, когда явился Сам возвещаемый? Оставалось только воспевать и увенчивать Его, что ясно было и Ангелам, коим первым Он явился, придя на землю, и словом ликовствования их было: слава в вышних Богу. По сей причине Иерарх, после того, как из самых дел познал прославляемого благодетеля, не молится ни о чем из упомянутого в молитвах и не перечисляет дела человеколюбия, которые находятся пред очами, а только прославляет сие в таинственной песни. Поелику же сила жертвенника есть миро, надлежит, чтобы сей силе соответствовало и подлежащее вещество. Ибо, думаю, так лучше может оно действовать, как огонь и свет действуют через собранные тела. Потому и самое имя Спасителя, которое, будучи призываемо, имеет силу во всем, не у всех в устах одинаково обнаруживает свою силу. И так совершитель, поискав, какое из тел сообразнее подлежало бы миру, не нашел ничего приличнее мученических костей, и помазав их миром, и помазанные приложив к трапезе, вполне освящает жертвенник. Ибо таинствам Христовым нет ничего сродственнее мучеников, ибо у них с самим Христом общее все и тело, и дух, и образ смерти. Он и при жизни их соприсутствовал с ними и скончавшихся не оставляет мертвыми, но, будучи соединен с душами их, и бренности сей соприсутствует, и примешивается персти, и если в чем-либо из видимого можно найти и иметь Спасителя, то конечно при сих костях. Посему, приходя к храму, теми словами отверзает для них врата, как бы вводил Самого Христа, и во всем прочем почитает их наравне со священными дарами. Подлинно истинный храм Божий и жертвенник суть кости сии, а сей рукотворный есть подражание истинному. И так прилично к сему храму приложить оный и к совершению сего употребить оный, как и из законов новый служит к совершению древнего.

Потом, совершив уже все и приготовив дом для жертвоприношения и молитвы, возжегши светильник на жертвенник, исходит, во-первых, думаю, указывая сим время жертвы, в какое она приносима была вначале, ибо сие бывало к вечеру и при возжжении светильников. Потом, чтобы, как в доме потерявшего драхму, светильник сей приводил нам на память оный светильник, который возжег, с которым искал и нашел драхму, покрытую землей и тьмой, как бы под землей лежащую в аде (сие, думаю, значит вымести дом и все открыть и вынести на свет) – Тот, Кто и ад исполнил света, сойдя в него. Потом, обходя и весь дом, помазывает миром, дабы соделался он домом молитвы, и имел действенное имя, и помогал нам в молитвах, ибо дерзновение людей к Богу и исправление молитвы нашей, как кадила, есть миро излиянное, – Спаситель, сделавшийся ходатаем нашим пред Богом и посредником. Ибо когда, будучи Единородным, Сам Себя излиял на рабов, тогда истинно примирился Отец и милостиво взирает на нас, и приходящих приемлет, как бы самого возлюбленного Сына Своего обретая в нас. Почему следует, чтобы оный дом, в коем призываем Бога, было излияно миро молитвы, чтобы привлечь к нему призываемого в нем Бога, и чтобы, как молился Соломон, «очи Его день и ночь отверсты были на храм сей» (*3Цар.8:29*). И еще, дабы именуемый храмом Божиим возвысился до храма истинного и имел с ним что-либо общее, для сего, как оный помазан был Божеством, разным образом надлежит, чтобы и сей соделался помазанным, будучи помазан миром. Разумею же истинный храм Божий – всесвятое тело Его, как Сам он называл его, «разрушьте, – говоря, – храм сей» (*Ин.2:19*).

КАКИМ ОБРАЗОМ СОХРАНИТЬ НАМ ЖИЗНЬ, ПОЛУЧЕННУЮ ЧЕРЕЗ ТАИНСТВА

Таково то, что из жизни во Христе относится к Самому Христу и что приличествует Ему единому. Поелику же устроить жизнь в начале зависит от одной руки Спасителя, а сохранить утвержденную и оставаться живыми, — есть дело и нашей ревности, то необходимы здесь и человеческие силы, и содействие со стороны нашей, чтобы, получивши, не потерять благодать, но до конца сохранить ее, и отойти отсюда, имея в руках сокровище, и к тому стремиться, посредством чего можно достигнуть, хотя бы нужен был и подвиг. И это по всей справедливости должно составить часть нашего слова о жизни. Ибо как в делах наших прилично и сообразно, получив жизнь, не довольствоваться сим и не сидеть в бездействии, как бы все уже имели, но надлежит заботиться о том, чем сохранить ее; подобным образом и здесь – к сказанному о первом – нужно приложить речь о втором, и сказав о том, откуда у нас жизнь, как и чем достигаем ее, должны изъяснить и то, что нужно делать, дабы не лишиться благополучия сего.

А сие есть добродетель и жизнь по правому слову. Но о сем сказано у многих древних и многих последующих, и кажется не остается ничего, о чем бы нужно было сказать, и потому есть опасность, что мы предпринимаем излишний труд. Поелику же мы вначале расположены были сказать и о сем, то если не присоединим сего, слово не может быть полно; посему, опустив то, что свойственно каждому роду жизни человеческой, коих много, считаем нужным сказать о том, какая общая всем нам обязанность наша к Богу. Ибо никто не скажет, что одна и та же добродетель у людей, управляющих общественными делами, и у занимающихся только своими собственными; равно у тех, кои после купели ничего более не обещали Богу, и у тех, кои ведут жизнь отшельническую, кои предположили сохранять девство, и не иметь ничего своего, и не быть господами не только над иными стяжанием, но и ни над собой самими. А что составляет общий долг для всех имеющих имя от Христа, как общее у них и самое именование, и что должно совершать всем одинаково, в опущении чего во всем ином преуспевающие не могут получить извинения, хотя бы указывали на возраст, или на ремесло, или на случай, или на иное что, или на болезнь, или на пустыню, или на город, или на шум, или на иное что-либо, чем обыкновенно извиняются обвиняемые, тогда как ничто не может защититься сим, есть то, что всем нужно не противодействовать воле Христовой, но всячески сохраняя Его законы, располагать жизнь для благоугождения Ему. И о сем нельзя сказать, что это превышает силы человека, ибо не было бы положено наказания преступающим закон, и из христиан нет ни одного, кто бы сам по себе не сознавал, что обязан весь закон приводить в исполнение. Ибо, приходя к Нему в начале, все одинаково обещались во всем следовать Ему, и когда связали себя такими обетами, тогда уж и сподобились таинств. Таким образом, заповеди Спасителя составляют общие для верующих обязанности, и для желающих исполнять они и возможны, и весьма необходимы, и без них невозможно придти ко Христу тем, кои отстоят от Него большей и лучшей частью, желанием и волей. Ибо необходимо волей сообщиться с Тем, с Кем сообщаемся кровью, а не так, чтобы в одном согласуясь, в другом отдаляясь, иногда любить, иногда враждовать, быть чадами, но заслуживающими порицания, быть членами, но мертвыми, для каковых уже нет никакой пользы в том, что они росли и были рождены вместе с телом, как и для ветви, отделенной от истинной лозы виноградной, которой конец быть выброшенной вон, и засохнуть, и быть брошенной в огонь. Посему избравшему жить во Христе следует соединиться с сердцем и оной главой, – ибо ни из какого другого источника жизнь наша, – а сие невозможно для тех, кои не желают сего, а нужно, насколько возможно человеку, волю свою упражнять по желанию Христову и устроить ее – желать того же, чего хочет Он, и утешаться тем, о чем радуется Он. Ибо противоположные желания не могут совмещаться в одном и том же сердце. Ибо худой человек из худого сокровища сердца своего ничего иного, – сказано, – не умеет извести, кроме зла, а благой износит благое (*Лк.6:45*); и у верующих в Палестине, поелику они желали одного и того же, было, – сказано, – «сердце и душа едина» (*Деян.4:32*). Подобным образом, если кто не сообщается со Христом волей, но противится тому, что повелевает Он, то и жизнь свою располагает не по одному с Ним сердцу, но явно зависит от иного сердца, поелику, наоборот, по своему сердцу обрел Он Давида, ибо сей говорил: заповедей твоих не забыл. Если же нельзя жить, не завися от оного сердца, а зависеть нельзя не желающим сего, то дабы могли мы жить, посмотрим, как можно любить то же, что и Христос, и утешаться тем же, чем Он.

Начало всякого дела есть желание, а начало желания – помысел. Итак, прежде всего нужно стараться отвращать око души от суетного и иметь сердце, всегда полное благих помыслов, дабы, оставшись пустым, не сделалось оно вместилищем помыслов лукавых. Хотя много есть такого, что можно сделать предметом попечения и делом души, наслаждением и упражнением ума, но приятнее и полезнее всего, и говорить, и размышлять о таинствах, и о том, какое мы получаем от них сокровище. Ибо кто мы были прежде получения таинств и какими стали, приняв их, и каково прежнее рабство, какова же настоящая свобода и царство, и сколько благ уже даровано нам и сколько еще обещано, и прежде всего, Кто виновник всего этого для нас и какова Его доброта, с какой благостью и сколько возлюбил Он род человеческий, и какова эта любовь! А когда разум занят и душа наполнена сим, нелегко помыслу взирать на иное и желанию стремиться к иному, поелику сие так хорошо и так привлекательно. Ибо сии благодеяния препобеждают своим множеством и величием, а любовь, которая побудила к сему, выше постижения помыслом человеческим. Ибо как человеческая любовь, когда усилится чрезмерно и сделается выше силы приемлющих, выводит любящих из себя, равным образом любовь к людям до умаления низвела Бога. Ибо не на месте пребывая призывает к себе раба, но Сам, низойдя, ищет его, и богатый приходит в обиталище бедного, и пришедши Сам собой, показывает любовь и желает равной любви, и отвергающего не удаляет и на оскорбление не гневается, и будучи изгоняем, сидит у дверей и все делает, чтобы показать себя любящим, и переносит мучения и умирает. Ибо две вещи обнаруживают любовь и доставляют торжество любящему, – 1) всем, чем можно благотворить любимому, и 2) соглашаться терпеть за него жестокости, и, если нужно, за него пострадать. И хотя последнее доказательство расположения гораздо важнее первого, но оно невозможно было для Бога, бесстрастного ко всякому злу. Будучи человеколюбив, Он мог благодетельствовать человеку, а терпеть за него раны не мог; а так как любовь Его была чрезмерна, а знака, коим бы выразить ее, не доставало, а надлежало не скрывать, как сильно любит Он, но дать нам доказательство самой высшей любви, и показать самую крайнюю любовь. Он измышляет сие истощение, делает и совершает то, через что соделался бы способным терпеть жестокости и страдания, и тем, что претерпел, доказать, как чрезмерно любит. Он обращает к себе того, который бежал от Благого, думая, что подвергся Его ненависти. И что всего удивительнее, не только претерпел, перенося жестокости и умерши в ранах, но и оживив и воскресив от тления тело, еще сохраняет сии раны, и носит на теле язвы, и очам ангелов является с ними, и считает сие украшением, и радуется, показывая, что претерпел жестокости; иное телесное Он отринул, и тело Его духовно, и не осталось в Нем ничего тяжелого, грубого и иной страсти телесной, а ран не отринул совсем и не изгладил в конец язвы, но показывает, что по любви к человеку любит и их, поелику, через них обрел погибшего и, претерпев мучения, нашел возлюбленного. Ибо иначе как было бы сообразно оставаться следам ран в бессмертном теле, когда и в телах смертных и тленных уничтожает их искусство и природа? Но как будто у Него было желание часто страдать за нас, поелику же сие невозможно, так как тело Его зараз освободилось от тления, и вместе щадит Он людей, которые стали бы наносить раны, то, по крайней мере, знаки смерти восхотел сохранить на теле и навсегда сберечь письмена ран, коими принял начертание при распятии, чтобы ясно было, что Он распят был за рабов и ребра Его пронзены, и чтобы сие осталось и при неизреченном оном свете, и послужило украшением для царя. Что может сравниться с этой любовью? Что возлюбил человек столько? Какая мать столько нежна и какой отец столь чадолюбив? Или кто из добрых имел такую сильную любовь, чтобы, претерпев раны от любимого, не только перенести их по причине любви, не только сохранить любовь к неблагодарному, но и самые раны сии предпочитать всему? Впрочем, это дело не одной любви, но и великого уважения, знак высшей чести, не стыдиться немощей естества, но с язвами, которые наследовал от человеческой немощи, воссесть на царском престоле. И не природу только удостоил сего, а призрел каждого человека в отдельности, но всех призывает к сей диадиме, всех освободил от рабства, всех соделал сынами, всем отверз небо и показал путь, и чтобы можно было возлететь к Нему, – для сего и крылья дал, и не удовольствовался сим, но и Сам приходит, и подкрепляет, и утешает расслабевающих. И еще о большем не сказано: ибо после сего не владыкой остался для рабов, и сообщая им свои блага не руку только подает, но Себя самого всецело отдал нам, почему мы храм живого Бога, и члены сии суть члены Христовы; а Главе же сих членов поклоняются херувимы, ноги сии, руки сии зависят от Его сердца.

О сем размышлять нет ничего полезнее и приятнее. Ибо когда о сем размышляем, и сии помыслы занимают душу, во-первых, не бывает доступа к нам ничему худому; потом познавшим благодеяния удобно исполниться любовью к Благодетелю, а возлюбив Его так сильно, мы соделываемся исполнителями Его заповедей и общниками Его воли, ибо «любяй мя, – сказано, – заповеди моя соблюдает» (*Ин.14:21*). Подлинно, познав собственное достоинство, каково оно, не легко предадим его и не потерпим рабства беглому рабу, когда сознаем у себя самих царскую власть; не отверзем уст для лукавого слова, если будем иметь в уме трапезу, и то, какой кровью обагряем сей язык. Как будем обращать глаза свои к чему не должно, после того как взирали ими на сии страшные таинства? Не будем устремлять ног и простирать руки к чему-либо худому, если будем иметь в душе действительный помысел о них, что они суть члены Христовы, и священны, и, подобно фиалу, носят кровь Его, даже более, всецело одеяны Самим Спасителем, не как одеждой, и не как кожей природной, но настолько совершеннее сего, насколько это одеяние ближе соединяется с одетыми, чем кожа с костями. Ибо те можно отсечь и против желания, а Христа не может отделить никто из людей и демонов, ни настоящая, говорит Павел, ни грядущая, «ни высота, ни глубина, ни иная какая-либо тварь» (*Рим.8:39*), сколько бы не имела она могущества. Ибо у мучеников Христовых лукавый руками мучителей мог отрывать и снимать кожу, отсекать члены, сокрушать кости, изливать внутренности и расторгать утробы, но чтобы совлечь сие одеяние и обнажить блаженных от Христа, то в сем отношении настолько обманывался в своих замыслах, что тем же самым, чем думал совлечь, облекал гораздо более прежнего.

Итак, что же может быть священнее сего тела, с которым Христос соединен теснее всякого естественного соединения? Итак, мы почтим его и соблюдем честным для Христа, если, зная о сей чудной его светлости, будем всегда иметь ее перед очами души. Ибо если храм, и сосуды, и иное что-либо священное, как скоро сознаем, что оно священно, всячески сохраняем неприкосновенным, тем более не предадим большее сего: ибо ничто не священно столько, как человек, с коим и по естеству соединился Бог. Ибо помыслим, кому всякое колено поклонится небесных и земных? Кто пройдет на облаках с силой и славой многой, блистая паче всякого сравнения? Это человек и вместе Бог. И каждый из нас истинно может просиять паче солнца, носиться на облаках, узреть самое тело Божие, к Нему вознестись, к Нему возлететь, приблизиться, и явиться в мир. Ибо когда явится Владыка, окружит Его лик благих рабов, и когда воссияет Он, воссияют также и они. Какое зрелище, видеть бесчисленное множество светильников на облаках, людей возносимых для того, чтобы принести хваление выше всякого образца, множество богов вокруг Бога, красивых вокруг прекрасного, рабов около Владыки, который не завидует тому, если кто из них сообщится Его светлости, и не думает, что меньше будет Его собственная слава, если примет Он многих частников царства, как владеющие людьми поступают с подчиненными им; ибо хотя дают им все, но и во сне не дозволяют им считать себя общниками в скипетре. Ибо не рабами считает их, и не рабскими почестями чтит их, но почитая их своими друзьями, и сохраняя закон дружбы, который Сам же учредил от начала, все делает общим, и не то или другое только, но дарует им самое царство, самую диадему. Ибо на что иное взирая, сказал блаженный Павел: наследники Богу, сонаследники же Христу, и что царствовать будут со Христом те, кои с Ним участвовали в страданиях? Что найдем столь приятное, чтобы могло оно сравняться с сим зрелищем? Лик блаженных, множество торжествующих. Он молниеобразно сходит с неба на землю, а земля иные солнца воссылает к солнцу правды, и все исполняется света. Здесь те, кои заботами, и злостраданием, и трудами, и попечением о подобных себе доказали свое стремление ко Христу; там те, кои подражали страсти Его и предав себя мечу, и огню, и смерти, еще показывают раны на блистающих телах своих, и следами язв хвалятся, как бы победной надписью – лик ратоборцев с славными ранами вокруг царя, победившего ради страданий, и как говорит Павел: за приятие смерти славой и честью венчанного! Когда мы размышляем о сем и к сему устремляем свои помыслы, очевидно становится достоинство наше, и ясно человеколюбие Божие к нам.

Сие же не допустит нас взирать на лукавое, и если случится пасть, удобно восставит нас. Многое, конечно, противодействует нам во спасении, но более всего то, что, согрешив, мы отказываемся тотчас обратиться к Богу, но, стыдясь и срамляясь, трудным почитаем путь к Нему, и думаем, что Он разгневан, и враждует на нас, и что желающим придти к Нему нужно великое приготовление; но человеколюбие Божие совершенно изгоняет из души сей помысел. Ибо кто ясно знает, сколько имеет Он снисхождения, и как еще глаголющу (грешнику) говорит уже: «Аз приидох», что препятствует согрешающим тотчас же приступить к Нему? Ибо в том злокозненность против нас и коварство общего врага, что приводя ко греху он возбуждает бесстрашие и дерзость, а дерзнувшим на гнусное и павшим влагает стыд и неуместный страх, дабы первым приготовить к падению, а вторым не допустить до восстания, иначе одним отвлечь от Бога, другим не допустить обратиться к Нему, и таким образом посредством противоположного влечь в одну и туже бездну. Сего со всем тщанием беречься должно, и одинаково убегать, – и бесстрашия прежде греха, и стыда и страха после него, от коих нет никакой пользы. Ибо сей страх есть не возбуждение, а некоторое оцепенение души, и стыдимся ран не для того, чтобы найти чем уврачевать их, но чтобы убежать от очей Спасителя, как и Адам сокрылся по причине раны, убегая руки врача; между тем, как ему надлежало искать, чтобы не торжествовал над ним грех, а он указывал на жену, прикрывал, сколько было возможно, немощь своей воли; и после него

Каин, желая скрыться, думал, что можно утаиться от Того, у Кого все перед очами. Полезно и страшиться, и стыдиться, и сокрушать дух, и ослаблять тело, когда все сие может вести к Богу, «ибо от плодов их, – сказано, – познает их» (*Мф.7:16*). Хотя за грехом следует не стыд только и страх, но и тяжкая некая печаль, то от нее не бывает никакого вреда для знающих хорошо человеколюбие Божие. Ибо хотя бы самое крайнее зло сознавали они за собой, но не теряют надежды, знают же, что ничто не выше прощения, так чтобы могло победить благость Божию, печаль же имеют они спасительную и заботятся о том, чем увеличить ее, а иную расслабляющую изгоняют благой надеждой. А что печаль о грехах двояка: одна исправляет, другая же для одержимых ею служит гибелью, сему ясными свидетелями служат одной блаженный Петр, другой Иуда злочестивый; из коих в одном печаль спасла волю и после горького плача соединила со Христом нисколько не менее, как и до греха против Него, а Иуду довела до удавления. И отошел он, неся узы во время общего освобождения, и когда проливалась кровь очистительная для всего мира, отчаялся в очищении одного человека – себя самого. А зная сие, дабы могли мы одной искать, другой избегать, для сего нужно иметь в виду различие каждой страсти и то, чем одна производит для нас добро, другая – зло. Поелику же, согрешая, мы делаемся худыми и перед Богом и перед самими собой, то скорбь о неблагодарности перед Владыкой не принесет никакого вреда, а, напротив, бывает для нас весьма благовременная, а другая скорбь касательно нас самих, когда мы, видя себя предназначенными к чудному некоему жребию, и потом видя себя обличенными в том, что прегрешили против должного, скорбим и сокрушаемся, и тяжким неким раскаянием утесняем сердце, как бы не надлежало и жить тем, кои впали в такого рода зло. Таковой скорби должно отвращаться, так как она есть причина смерти и делает нас повинными многому, другая же печаль о Господе возбуждает любовь и научает ясно уразумевать благодетеля, и что, противодействуя Ему, мы никакой не приносим пользы себе, а, напротив, обращаемся ко злу. Как дерзость, так и бывающая от нее печаль души есть зло, и опять как любовь ко Христу всего похвальнее, так нет ничего для благомыслящих блаженнее того, что уязвленные здесь стрелами, скорбят и сокрушаются душой. Поелику же исполненная благодати печаль зависит от любви ко Христу, а любовь от помышлений, кои имеют предметом Христа и Его человеколюбие, то их преимущественно должно содержать в памяти и обращать в душе, и в сем занятии не знать отдыха, но внимательно и внутри себя размышлять о сем, и в собраниях сие соделывать наслаждением языка и предметом собеседований, и кроме того стараться, не развлекаясь ничем, постоянно оказывать сию ревность, в продолжение ли всей жизни, или как можно чаще, дабы могло сие напечатлеться в душе и вполне обнять все сердце. Ибо как огонь ничего не сделает с тем, чего коснется, если не будет поддерживаем постоянно, так и преходящий помысел не может расположить сердце к какой-либо страсти, но нужно, чтобы он пребывал продолжительное время. Итак, помыслы, возжигающие страсть от ощущения прекрасного и приятного (так как чувства обыкновенно действуют в нас от начала, а помыслы рождаются от них) сродственны и современны нам, и легко преклоняют к чему хотят или тем, что приятны, или тем, что присущи нам долгое время, а достигшие в последующее время разума и его любомудрия имеют нужду в большой ревности, хотя бы на короткое время и в постоянной сосредоточенности, чтобы получить какое-либо расположение к добру, которое не тотчас же становится приятным и поздно входит в тех, которые слишком наполнены многим приятным. Ибо только усильным старанием, отсекая долговременность привычки к ним, можем мы внести истинное, вместо кажущегося, и доброе вместо приятного; почему не должно удивляться, если лучшие помыслы не всегда одерживают верх над злыми, и лучшие не более худших имеют силы у живущих разумом. Ибо для того, чтобы можно было сделаться благим, думаю, недостаточно узнать то, чем можно убедиться быть благим, но нужно и жить с заботой, и пребывать с размышлением, и истинное слово приобретать не познанием только, но и пользоваться им к тому, что нужно; как и пища, и оружие, и врачевство приносят пользу не тем, кои знают только о них и имеют их, а помогают тем, кои пользуются ими на самом деле. Если же из помыслов худые, внедрившись, занимают ум собой, а от чувствований благих мы удаляемся едва только вкусивши их, что удивительного, когда зло имеет силу, и лукавые помыслы, будучи в действии, занимают всю область души, а добрые, будучи без действия, изгоняются совсем, как побежденные? Нет ничего странного в том, что знающий не построит дома, или врач не вылечит больного, или иной кто из художников не сделает своего дела до тех пор, пока не будет пользоваться своим искусством; нет также ничего удивительного в том, если кто, имея здравое слово, а деятельности не имея, не получает никакого плода от ревности. Ибо оружием пользуются против нападающих, управляя им как следует, а искусством действуя, как оно учит, а лучшими из помыслов мы пользуемся как лучшими советниками, направляя уж не столько к тому, чтобы узнать что нужно, сколько к тому, чтобы убедиться в познанном и иметь любовь к нему, как к истинно прекрасному, что требует постоянного попечения. Поелику же и наоборот в отношении к худым помыслам – заниматься ими и питать их в душе – гибельно, а просто знать их нисколько не вредно, потому необходимо здесь убегать попечения, а там усиливать его.

Желать благого не есть еще дело, ибо не предшествует никакая ревность о деле. А для того, чтобы получить и сохранить имеющее нужду в труде, необходимо расположение к действованию и порядок, почему мы могли бы добровольно избрать такие подвиги, ибо нелегко выбрать для себя труд. Подкреплением в подвигах всегда служит любовь к тому, ради чего подвизаемся; она делает приятными труды, хотя бы они были чрезмерно тяжелы, любовь же к доброму воспламеняет не иное что, как внимание к нему ума и познание его красоты. И это есть тот огонь, который от размышления о Боге воспламеняется в душе пророка. «И в поучении моем, – говорит, – разгореся огнь» *(Пс.38:4)*. В другом месте он же, показывая о чем должно быть попечение и какому человеку свойственен сей труд, последнего называет мужем блаженным, а первое именует законом Божиим; « блажен муж..., – говорит он, – иже в законе Господнем поучится день и ночь» *(Пс.1:1–2)*. Если попечение о писаном законе может возжигать сей огонь, что может соделать закон Духа, который один вложил в людей истинную любовь к Богу и воспламенил огонь желания ничем не угасимый, ни удовольствиями, ни иным чем, ни настоящим, ни будущим? Потому, кажется мне, и явился Он, низойдя в огненных языках, что принес любовь всеобъемлющую наподобие огня, поелику прежде и Самого учредителя закона любовь низвела на землю, а самое тело Законоположника есть плод человеколюбия, и, кроме сего, весь закон Его полон любви, и ее показывает Он во всем, в чем можно, ее вводит, к ней убеждает, ее, получая от нас, почитает достаточным даром за то, что даровал нам. Ибо не приказывает, как рабам обязанным, но как будто понесли мы предварительно многие для него труды, много оказали ему расположения и любви, приходящих к Нему Он тотчас же призывает к общению с Собой. Я, говорит Он, подвизался ради царства и многими трудами сплел венец, а вы без трудов получаете его; взамен сего прошу вас, не любите ничего более Меня. О, неизреченная благость, что не только Сам чрезмерно любит нас, но и так высоко ценит то, чтобы быть любимым нами и все делает для сего. Ибо для чего устроил Он небо, и землю, и солнце, и видимый мир, и красоту невидимого, и устроил все мановением Своим, и через нее научает всякому любомудрию, как не для того, чтобы обратить к Себе, убедить нас возлюбить Его? И вообще, как люди самые пламенные в любви, Он показывает нам и мудрость, и благость, и художество, чтобы вложить в нас любовь к Себе. И так высоко ценит сие дело, и так важным почитает его, что совершив для сего все, что прилично природе Божеской, Он не удовольствовался сим, но перешел в другую природу, чтобы и ею воспользоваться для сего же, дабы в чем не убедил, будучи Богом, то совершил, сделавшись человеком, и через то и другое – через Свое, что принес пришедши на землю, и через чуждое, что воспринял извне, уловить возлюбленного. Так закон духа есть всегда закон дружества, и сам собой возбуждает к благомудрию, потому нужно внимать ему умом; во-первых, потому, что нет здесь ни усилия какого-либо, ни трудиться не должно, ни тратить деньги, ни бесславия не будет, ни стыда, и ни в ином чем не сделаемся худшими, но и искусствами можно пользоваться без вреда, и к занятию какому-либо нет никакого препятствия, и полководец может начальствовать войсками, и земледелец возделывать землю, и правитель управлять делами и ни в чем не будет иметь нужды из за сего. Ибо нет нужды удалиться в пустыню, ни питаться необычной пищей, ни переменять одежду, ни расстраивать здоровье, ни на иной какой-либо решиться смелый поступок, но можно сидя дома, и не теряя ничего из своего имущества, постоянно заниматься сими помыслами. Что воспрепятствует сему быть полезным, когда кроме сего удобно совершать и нужные труды? Если нам как людям и имеющим возможность размышлять, необходимо размышлять о чем-либо, почему не размышлять о лучшем? Если размышляющим о суетном и худом, в чем нет никакой пользы, никогда не приходит та мысль, что это может сделать худшим судьбу, искусство, имущество, или иное что относящееся к жизни, тем менее можно упрекать в сем благие помыслы, и доброе обвинять во зле. И таким образом, они не противодействуют ничему полезному и нет в них ничего неприятного, так что можно назвать их самой радостью. Ибо если мы радуемся о прекрасном, конечно, ничего не может быть лучше помыслов, кои предметом своим имеют Христа и Его человеколюбие; потому что и в тех самых делах, в коих последний предел добра, никто и с трудом не найдет ничего приятного и достойного любви, что приличествовало бы нам более сего. Ибо не только близких по плоти, и самых родителей, но и нас самих родственнее нам Христос, как показано в предшествовавших словах. Потому и для размышляющего о душе ничего не может быть свойственнее помыслов о Нем, потому что Он через них становится свойственным и сродным нам, и через них жизнь для получивших крещение душ становится превосходнее всего, что называют приятным. Разумею же тех, кои по крещении не очень ожестели, как чудный Стефан некоторых из евреев называет «необрезанными сердцем и ушесы» (*Деян.7:51*). Таким образом, из сказанного ясно, что от сих помыслов не может быть никакого вреда для человеческой жизни, а доставляют они удовольствие и радость размышляющим. А что сие полезно и помогает полезному, и содержит все лучшее и благовременное, это уже показано и очевиднее откроется далее, если тщательнее будем рассматривать. Ибо, чтобы занять душу благими помыслами, прежде всего, нужно удаляться худых помыслов, непосредственно же за сим через таинства получать луч, свободный от немощей. Сие нам ничего не трудившимся доставляет обилие всех благ; потом нужно, чтобы и самые помыслы своими средствами производили свое дело, и сердце занимаемо было лучшим из всего; ибо как от худых помыслов рождаются худы страсти, подобным же образом и добродетелям следует происходить от добрых помыслов. Ибо вообще к тому, чтобы принять то или другое намерение, говорить что или делать, или переносить, или избрать что-либо, всегда убеждают помыслы и размышления, и сим образом учители добродетели благовременно влагают живущим с ними помыслы прекрасные, а злые демоны, напротив, внушают нечистые образы; стараясь одни сделать искусными в нечестии, другие исполнителями долга. И так нужно всякое достохвальное попечение о том, чтобы самым делом содействовать добродетели, а размышлять о Христе и о том, что Он, будучи человеколюбив, измыслил ради моего спасения, составляет для нас самую вожделенную жизнь, и во всем соделывает блаженными.

И чтобы яснее видеть сие, посмотрим какие подвиги совершающих назвал блаженными Сам Христос, – не все ли в них зависит от сих помыслов? Кого же ублажил Он, единый истинно блаженный? Нищих духом, плачущих, кротких, алчущих и жаждущих правды, милостивых, чистых сердцем, миротворцев, терпящих гонения и всякие оскорбления ради правды и ревности о Христе; таковые приемлются в блаженную жизнь. Итак, если рассмотреть, увидим, что от сих помыслов составляется сей прекрасно устроенный лик, и ими сплетаются венцы, всем ясно будет, что занятие сими помыслами и попечение о них есть к блаженной жизни безопасный путь, и восхождение, и лествица, или иначе как назовешь сие.

О ПЕРВОМ БЛАЖЕНСТВЕ, ЧТО НИЩЕТА ДУХОВНАЯ ПОЛУЧАЕТ ПРЕУСПЕЯНИЕ ПОСРЕДСТВОМ СКАЗАННОГО РАЗМЫШЛЕНИЯ

И во-первых, нищета духовная, и то, как говорит Павел, чтобы не «мудрствовати паче, еже подобает мудрствовать: но мудрствовати в целомудрии» (*Рим.12:3*), кому может принадлежать, если не тем, кои разумеют нищету Иисусову. Который и природой и образом жизни приобщился рабам, будучи владыкой, и соделался плотью – будучи Богом, и убожество избрал других богатящий, и претерпел бесчестие царь славы, и водим был в узах свободивший род человеческий, и принял осуждение беззаконных, пришедший исполнить закон, и поругания судей, увеселившихся неистовством и воплями народа, претерпел Тот, Которому Отец дал весь суд. Какого гордеца не уничтожит сие! С другой стороны, когда возбудится превозношение по причине добродетелей, если кажутся они превосходными, размышляющий о Христе познает, что не совершил он ничего великого, и сам по себе не только не имеет силы освободиться от плена, но и по освобождении не может сохранить чистой свободы. Ибо Он кровью искупил нас и даровал нам свободу, приобретя ее такой великой ценой. Кто же из освобожденных пребыл в том, что получил и до конца неприкосновенным сохранил духовное богатство, а не преуспев в сем великом, уже не может быть почтен мало согрешившим против благодати? Чем же нам, по собственному сознанию, можно величаться, когда собственная наша добродетель сама по себе не ведет ни к чему полезному? А если есть в нас истинное добро, сие влагает в нас Бог без всяких трудов наших, притом, чтобы и извне привнесенное богатство сохранить безопасно, по подобию бездушных сокровищниц, и к сему мы мало способны. Ибо и после нового рождения, и претворения в воде, и исполненные огня трапезы даже любомудрственнейшие из людей так слабы оказываются для добродетели, что постоянно имеют нужду в священной трапезе, и в очистительной крови, и в вспомоществовании свыше, чтобы не ниспасть в последнюю злобу. И ясные свидетели сего те, кои, отказавшись от трудов ради блага и добродетели, сделались потом дерзновенными во всем злом. Они, удалившись в горы, избегая шума и общественной жизни как язвы, дабы внимать одному Богу и, насколько возможно людям, преуспеть во всем лучшем, так что во всем имели великую силу перед Богом, когда ослабевали несколько в уповании на Него и во всецелой вере в Него, тотчас же дерзали на все самое худшее, и предавались всякой нечистоте. Чем же превозноситься? Добродетелями? Но в нас нет ничего великого. Тем, что велико в нас? Но оно не наше. Тем ли, что сохранили полученное? Но мы потеряли его. Тем ли, что носим печать Христову? Но это самое и служит доказательством того, что не носим ее. Ибо у превозносящихся нет ничего общего с Тем, Который кроток и смирен сердцем, а при помыслах о сем бывает, что превозношение падает само собой и страсть проходит. Ибо если мудрствуем, о чем должно, мы не высокомудрствуем, если же высокомудрствуем, то при сем самом высокомудрствовании, сознаваясь, что удаляемся от Христа и не имеем ничего доброго, не будем высоко мудрствовать о себе, как о людях худых.

О ВТОРОМ БЛАЖЕНСТВЕ, ЧТО ПЕЧАЛЬ ПО БОГЕ ПОЛУЧАЕТ ПРЕУСПЕЯНИЕ ПОСРЕДСТВОМ СКАЗАННОГО РАЗМЫШЛЕНИЯ

Размышляющим о Христе следует и скорбеть и плакать, если только размыслит кто о том, что Он новоузаконил касательно нашего спасения, и какова наша леность, и обдержащий нас сон. Ибо нас огорчает или потеря драгоценного, и воспоминание о благах, потерянных нами, располагает к слезам, и тогда мы познаем, каковое богатство, которое, имея в руках, должны были бы удерживать, а вместо того погубили, или сознание того, как велика неблагодарность наша к столь любочестивому благодетелю, уязвляет и сокрушает душу, и тогда становится особенно ясным, какую Он оказывает к нам кротость и человеколюбие, и какое мы в отношении к нему оказываем нерадение. Ибо, прежде всего, Он сошел с неба, взыскуя нас, и как бы со сродными себе заговорил с нами голосом и показал сродный нашему вид, сделал так, чтобы мы любили Его, или как сродного, или как лучшего, (а Он был и тем и другим), дабы, соединив в себе и то и другое, что повсюду возбуждает любовь в приходящих к Нему, возбудить нас к самой сильной любви; потом, увеличивая содружество, присоединил и сие. Поелику каждый любит себя самого, любит и сродного себе, то дабы и в сем отношении удержать за собой лучшее право на любовь (чего желать всего более), и чтобы от всех получить не такое расположение, с каким относимся мы к сродным, но такую любовь, какой любим мы самих себя, Он не удовольствовался быть только сродным нам, приняв то же естество, но сделал нас общниками самого Тела, и Крови, и Духа, чтобы, о чем присловие с преувеличением говорит касательно друзей, тем на самом деле соделаться Ему для каждого из прилепляющихся к Нему – другим я. Если же Он так взыскал нас и ни одного способа дружества не оставил не испытанным для Себя, но и благодетелем показал Себя и братом, и соделался для нас вместо нас самих, и сие не хотением и мановением только, как сотворил Он сие небо, но потом и трудами, что никоим образом не свойственно Ему, и страданием, и бесчестием, и язвами и, наконец, смертью, и мы не только не сохраняем благодарности к Нему, во всем благому к нам, и не стараемся, чем бы воздать Ему, но еще настолько неразумны, что прилепляемся к тому, что Он ненавидит, и от чего отводит нас, того мы держимся, и к чему убеждает нас, от того бежим мы, и, таким образом, оказываем неуместное лукавство. Какого плача и каких слез не достойны мы, которые все иное считаем достойным внимания, а Спасителем и домостроительством Его пренебрегаем так, как будто другим кому-либо нужно искать сего, а не для нас было несказанное Его промышление! И в отношении к житейскому считаем долгом воспользоваться чем нужно, и в словах, и в делах, и всяких художествах, и во всем относящемся к жизни, нужно ли возделывать землю, или управлять войском, или иное что-либо делать на общую пользу, или делать что для самих себя, всюду ищем должного и пользуемся благовременным случаем, и вообще во всех делах всюду имеем в виду приличие и справедливость и ко всему относимся со вниманием, а в отношении только к тому, что поистине наше, о том как должно сохранить его, и как оказать справедливость к нам самим, о том заботимся всего менее, как будто считаем себя хуже всего прочего. Если не на иное что, по крайней мере, должны бы мы обратить внимание на новозаконие, которым Он потряс и изменил все, по которому бывшее превыше небес увидели на земле, и земля взошла выше самого неба, и связан узами общий тиран мира, а бывшие связанными попирают главу мучителя, и зрится Бог носящий тело, и притом, подверженное язвам, имеющий кровь и ее проливающий на крест, и потом мертвый по человечеству колеблет землю и приносит жизнь мертвым, и всего этого не иная цель, как та, чтобы человек познал Владыку, и восстал от земли, и взирал на небо, – когда все так совершенно, люди еще спящие и подобно статуям, ничего не чувствующие при громе, не бедственнее ли всех? И не справедливо ли, чтобы все время жизни почитали они временем плача? Ибо что мы оплакиваем? Болезнь? Но не болезнует ли в нас самое лучшее? Убожество? – Но мы поступаем настолько хуже убогих, насколько необходимее здесь и прекраснее сие богатство; и притом убожество необходимо прекратится после настоящего века, а сего бедствия не может окончить и смерть, но необходимо в будущем веке принесет нам еще больший стыд. Достойно сожаления безумие? Но не отнимает ли демон наш разум, наполняя его таким безумием? Ибо если ходить по острым ножам и прохаживаться по стремнинам, не признавать друзей и припадать к самым зложелательным людям свойственно безумным, то мы не убегаем ли от Любящего, не ищем ли врага в своих поступках, не спешим ли к геенне, делая все, что низвергает в нее? Таким образом, когда сами сознаем тяжесть сию, следует нам печалиться и плакать. А от сего произойдет то, что мы будем сознавать самих себя и правильно ценить истину, и не погрешать незнанием о своей злобе; если узнаем благополучие и богатство, будем мудрствовать о том, чем воспользоваться можем мы, не привнося ничего, кроме желания, так как все уже приготовлено Христом для нас, когда мы еще ничего не трудились. Ибо всего более тревожит сердце, – быть злополучным, когда можно избрать благополучие, и имеющим возможность жить в свете – оставаться сидеть во тьме. Сие извлекает слезы не только у беспечных, но и у самых ревностных, и у них преимущественно, так как более чувствуют они вред. Ибо и в сем, и еще в тягчайшем сего, обвиняют они себя и почитают себя достойными самого худшего, когда помыслят об обнаженном пожертом на кресте Боге, Которому все служит, и Который совершает полное за нас воздаяние: поелику, будучи Богом, принял природу человеческую, чтобы из людей соделать нас богами и землю заменить небом, рабство – царством, обдержащее нас бесславие – истиной славой, для сего Творец неба оделся землей, Владыка по естеству – образом раба, царь славы крест претерпел, о срамоте не радев.

О ТРЕТЬЕМ БЛАЖЕНСТВЕ, ЧТО И В ТОМ, ЧТОБЫ И КРОТКИМИ БЫТЬ, ПРЕУСПЕЯНИЕ ПОЛУЧАЕТСЯ ОТ СКАЗАННОГО РАЗМЫШЛЕНИЯ

Много есть такого, чем Спаситель внес в мир истинное любомудрие касательно кротости и того, чтобы обуздывать гнев и не огорчаться на оскорбивших, но самые лучшие и высшие образцы сего предложил и тем, что соделал, и тем, что претерпел, пострадав. И во-первых, на оскорбивших его принял плоть и кровь, и пришел, ища разрешить тех, которых мог обвинить в самом тяжком нечестии, и когда потом они порицали благодеяния, которыми исправлял Он природу, не перестал Он благодетельствовать им, но за то, что изгонял из людей демонов, слыша, что называют его веельзевулом и начальником демонских сил, и иное самое нечестивое, тем не менее не перестал изгонять, и одного из учеников, замыслившего погибель его, не только не изверг из лика учеников, но жил с ним, как прилично жить с друзьями, и общение соли имел с убийцей, и предателю преподал неизреченное таинство и самую кровь, и наконец допустил его обнять себя и лобызать, и простерся к самому удивительному из всего: кому благодетельствовал, от тех умер, сами получившие благодеяние вонзили в Него меч, друг предводительствовал убийцами в убийстве, целование служило знаком убийства, и все сие перенося Он был так кроток и человеколюбив, что когда один из учеников его ранил одного из сих злодеев, Он не презрел раны, но, коснувшись раненого члена, тотчас исцелил его, и когда таким образом показал знак и превосходящей силы, и крайней кротости, тех, кои не убоялись оной и не постыдились сей, не погубил и не одождил на нечестивых огнем, не поразил их громом, хотя они достойны были и сего, и еще худшего. Тот, на которого Ангелы не могли взирать без страха, следовал за влекущими его, и дозволил связать руки, которыми разрешал узы, болезни и разрушал тиранство демонов, и ударившему его в ланиту злейшему рабу не причинил вреда, но весьма кротко и человеколюбиво удостоил его слова, и исправлял его разумение. Потом, когда осудили Его злочестивые судьи на смерть, Он в молчании перенес приговор их, и принимая казнь, и будучи уже пригвожден к древу, Он не отказался от любви своей к убийцам до того, что просил дерзость их против Единородного не вменить им в вину, и не только просил о их, но и защищал их, и слово защищения было весьма пламенно и милостиво: «Отче, отпусти им, – сказал Он, – не ведят бо, что творят» (*Лк.23:34*). И как чадолюбивый Отец, снисходя к неразумию малолетних детей, дает им кроткое увещание; и после сих слов Он умер. Когда же воскрес Он и надлежало общниками торжества соделать своих учеников, в коих оставалось знание, Он не припомнил обиды, что оставили его, убежав среди опасностей, а созвал учеников, и указав, где должно им встретить Его, когда явился им, не упрекнул их в бегстве и не вспомнил против них ничего подобного, ни о том, как все утверждали, что будут сообщниками в смерти Его и последующем, а они не перенесли и зрелища, не настоящих уже, а только будущих бедствий, но преподал им мир и Духа Святого и тому подобное, вверил им попечение о всей вселенной, поставив их начальниками над всей землей. И сие сделал для всего лика, а что сделал для верховного, который не один раз отвергся Его и отказался от привязанности к Нему? Ибо не только не выставил на среду его отречения, и не напомнил о его обетах, в которых клялся Ему – участвовать в смерти учителя (чему изменил тотчас без малого даже промежутка времени), но и вестника воскресения послал к нему прежде других, и почтив его так, и по явлении говорил с Ним дружественно и вопрошал о его любви, больше ли она в нем, чем в других? И когда Петр сказал, что любит, Он опять спросил о том же, и опять услышал: люблю тебя, снова спросил: любишь ли, и кажется мне, не перестал бы еще чаще спрашивать о любви, если бы Петр не ответил с огорчением: ужели знающий все имеет нужду во многих словах, чтобы узнать, что любит Его. И это не было ни незнанием о друге, ни притворством в незнании, ибо одно значило бы заблуждаться, другое обманывать, а и то и другое не свойственно чистой истине, но было сие доказательством того, что не помнит Он зла за нарушение прежних обещаний, ибо не других обещаний спрашивает, а старается сим воспламенить в Петре любовь, едва не подвергшуюся опасности погаснуть совсем. Ибо предлагать такие вопрошения, и вызывать такие ответы, весьма много имеет силы для дружества, ибо и воспоминание о дружбе и разговор о ней не только большим делает дружество, уже существующее, но может возродить даже несуществующее. Так Спаситель в делах показывается обнаруживающим гнев, а в учении и законоположении что выше его кротости? Ибо Он говорит, что и самой молитвы и жертвы не примет, если приносить жертвы и молиться будем во гневе, и даже отпущения грехов, общего всем дара (который с собой принесет Он с неба) не будет давать гневающимся друг на друга, хотя бы кроме сего сделали мы все, хотя бы пролили реки пота и слез, хотя бы предали тело свое огню и мечу. Столь высоко поставляет Он кротость, и потому следует, чтобы размышляющие о делах Его имели сердце кроткое в отношении к оскорбляющим их; на что указывая, сказал Он: если узнаете меня, сколько имею я кротости, то укротится и ваше сердце. «Научитеся от Мене, – говорит Он, – я бо кроток есмь и смирен сердцем, и обрящете покой душам вашим» (*Мф.11:29*). Еще и таким образом кротость может быть следствием размышления о Христе. Живущему в сих помыслах необходимо иметь любовь к священной трапезе, а так как к ней нельзя приступать тому, кто злопамятен ко всякому оскорблению, то он удержится от гнева и сохранит душу чистой от ненависти. Ибо кровь сия, вначале излитая для примирения, не может быть правильно принята теми, кои рабствуют гневу и ярости, ибо хотя она и вознесла об убийцах голос свой к Отцу, как пролитая кровь Авеля, но не обвиняла их перед Ним и не требовала наказания их, как та наказания брата, но и освободила их от наказания и голос убитого был прощением для убийц.

О ЧЕТВЕРТОМ БЛАЖЕНСТВЕ, ЧТО ПРАВДА ПОЛУЧАЕТ ПРЕУСПЕЯНИЕ ПОСРЕДСТВОМ СИХ ПОМЫСЛОВ

И делателями правды преимущественно перед всеми бывают те, кои живут с сими помыслами, из которых явно, что Владыка мира так почтил правду, что был с рабами, с осужденными, с уязвленными, с мертвыми, чтобы всем воздать по правде, именно: Отцу славу и послушание, которые в надлежащей мере никто не мог принести, а мучителю узы, и презрение, и стыд, так как отнял у него неправедное начальство, и самозванца присвоившего себе права над ними, изгнал, поражая судом и правдой.

О ПЯТОМ БЛАЖЕНСТВЕ, ЧТО МИЛОСТЫНЯ ПОЛУЧАЕТ ПРЕУСПЕЯНИЕ ПОСРЕДСТВОМ СИХ ПОМЫСЛОВ

То, чтобы быть милосердыми и общниками со скорбящими в печали, и несчастье других считать своим бедствием, откуда можно получить, если не от сих помышлений, в которых мы и самих себя видим весьма достойными сострадания, помилованными сверх всякого ожидания, видим пленение оное, рабство, узы, неистовство поработившего нас? И притом не было никакого конца нашим бедствиям, и мы все более и более испытывали силу жестокого и злого мучителя, и везде находили для себя беспомощность и оставление, поелику никто не мог подать нам руки. А мучителю возможно было исполнять свою волю над нами, и мы как бы преданные считались собственностью купившего, а для нас не было никакого утешения в несчастии, ни врачевства, ни внутри нас, ни снаружи, ни от высших нас, ни от однородных с нами, но всем одинаково невозможно было принести пользу природе человеческой. Над находящимися в таком бедствии умилосердился ни ходатай, ни ангел, но сам Господь, против Которого мы враждовали, Которого оскорбляли беззакониями, умилосердился соболезнованием необыкновенным, превысшим слова, высшим всего, что надлежало бы сделать в сем случае.

Ибо не освобождения нашего восхотел только, и не своей только почел скорбь нашу, но и своими сделал, и на себя принял скорби наши, возжелал Сам явиться достойным сострадания, дабы нас соделать блаженными. Ибо во дни плоти своей, как сказал Павел, для многих казался заслуживающим сострадания, и сострадание возбуждал Он, умирая неправедной смертью. Ибо, «плакахуся, – сказано, – и рыдаху Его» (*Лк. 23:27*) о Нем, когда вели Его на смерть, и эта скорбь была не только у тех, кои были с Ним и кои смотрели на страдание, но еще Исайя, издали провидя, не мог без слез перенести сего зрелища, но как бы плача над мертвым, испустил полный жалости глас: «видехом его, – говорит он, – и не имяше вида, ни доброты: но вид его безчестен, умален вид Его паче... сынов человеческих» (*Ис. 53:2–3*). Что может сравниться с сим состраданием, когда не помыслами только и хотением сделался общником в страданиях несчастных, но самим делом, и не удовольствовался быть только участником в злострадании, но все принял на себя Самого и умер нашей смертью? Что сильнее сего может привлечь нас к состраданию о подобных нам? Если претерпевшим предварительно несчастья легко бывает усвоить участь тех, кои вновь подверглись подобному злостраданию, каких из бедствий не перенесли мы? Не потеряли ли отечества, поистине нашего? Не потерпели ли убожества, болезни, самого тяжелого рабства и крайнего безумия? И от всего сего освободились утробами человеколюбия Бога нашего. Потому будем и мы милосерды, если подвергнется кто подобному бедствию, и окажем сорабам сострадание, которое прежде оказал нам всех Владыка. И Спаситель, показывая сие, именно, что должно быть ласковым к сродным себе, взирая на пример божественного человеколюбия, сказал: «будьте милосерды, якоже Отец ваш небесный милосерд есть» (*Лк. 6:36*).

О ШЕСТОМ БЛАЖЕНСТВЕ, ЧТО ЧИСТОТА СЕРДЦА ПОЛУЧАЕТ ПРЕУСПЕЯНИЕ ОТ СКАЗАННОГО РАЗМЫШЛЕНИЯ

Очистить сердце и душу утвердить в освящении, какому свойственные подвигу, или страданию, или труду, как не сим помыслам и сему размышлению? Внимательно рассуждающий, конечно, чистоту сердца назовет не плодом только размышления о Христе, но скажет, что она есть самое сие размышление. Ибо прежде, нежели усвоить себе лучшие помыслы, нужно удалиться от худых, и это и значит быть чисту сердцем. Ибо, поелику двояка наша жизнь, и рождение духовное и плотское, и дух противоборствует телу в том, чего оно желает, а тело восстает против духа, и противоположному соединиться и примириться невозможно, то всякому очевидно, что какие из пожеланий одержат в памяти верх над помыслами, те вытесняют противоположное им. Потому, как память плотской жизни и рождения, и внимания к сему ума вносит гибельную похоть и проистекающее от нее осквернение, подобным образом рождение купели, и сообразная рождению пища, и прочее свойственное новой жизни, овладевая душой через постоянное воспоминание, естественно увлекает желание от земли к самому небу.

О СЕДЬМОМ БЛАЖЕНСТВЕ, ЧТО МИРОТВОРЕНИЕ ПОЛУЧАЕТ ПРЕУСПЕЯНИЕ ОТ СКАЗАННОГО РАЗМЫШЛЕНИЯ

Поелику Христос есть мир наш, сотворивый обоя едино, и «средостение ограды разоривый вражду плотию своею» (*Еф.2:14–15*). Который измыслил все ради мира, потому может ли что быть выше мира для тех, кои и помыслы души и попечение ума устремляют к делам Его? Ибо и сами они больше всего стремятся к миру, как повелевает Павел (*Рим.12:19*), и других руководят в сем деле, и разрушают бесполезную ненависть, и укрощают напрасно воюющих, зная, что мир столь драгоценен, что сам Бог, дабы приобрести его для людей, сошел на землю, и будучи богатым и Господом всего, не нашел для него никакой достойной цены, а пролил самую кровь свою. Ибо поелику в рожденном и существующем не усмотрел ничего такого, что было бы равноценно искомому миру и примирению, Он сотворил иную новую тварь, кровь свою и, предав ее, тотчас соделался примирителем и начальником мира. Потому почитающие оную кровь, ища преуспеяния, что иное начнут делать, как не то, чтобы сделаться для людей виновниками примирения и мира? Если то, каково благо и какая красота в совершенной правде или в добродетели, можно видеть в жизни одного только Спасителя, так как один Он показал себя совершенно чистым от всего противоположного правде (ибо Он греха не сотворил, и когда пришел князь мира, не нашел, за что мог бы преследовать оную божественную душу, ни в чем упрекнуть бы ее благолепие, хотя все осматривал злобными глазами), очевидно, что любовь ко Христу и к добродетели могут получить не иное что делающие, как рассматривающие и размышляющие о делах Христовых. Ибо весьма достаточно узнать красоту добродетели, и Спасителя, чтобы узнать, возлюбить ее, так как познание всегда есть причина любви, потому и Еву сим образом привлек плод древа, и притом запрещенного, ибо сказано: «и виде жена, ...яко угодно очима видети и добро в снедь» (*Быт.3:6*).

О ВОСЬМОМ И ДЕВЯТОМ БЛАЖЕНСТВЕ, ЧТО ТЕРПЕНИЕ И ГОНЕНИЙ И ОБИД РАДИ ПРАВДЫ И ХРИСТА ПОЛУЧАЕТ ПРЕУСПЕЯНИЕ ОТ СЕГО РАЗМЫШЛЕНИЯ

Получившим любовь ко Христу и добродетели нужно бывает претерпевать гонения, и предаваться бегству, и выслушивать самые жестокие слова, и притом с радостью, так как многие и прекрасные награды уготованы им на небесах. Ибо любовь подвизающихся к Подвигоположнику может сделать и сие, и научает верить Ему касательно наград еще не открывшихся, и еще в настоящее время иметь твердую надежду на будущее. Так размышляющих ежечасно о Христе и пекущихся о сем, самое размышление сие соделывает умеренными и знающими человеческую немощь, равно как умеющими и плакать, и кроткими показывает их, и справедливыми, и человеколюбивыми, и целомудренными, и виновниками мира и согласия между людьми, и таким образом обладателями Христа и добродетели, так что получая за сие обиды, не переносят только их, но и радуются, и находят удовольствие в гонениях. Вообще от сих размышлений можно получить самые высшие блага и через них соделаться блаженными, и таким образом сохранить волю во благе, и при таком благоустроении соделать душу прекрасной, и сохранить полученное от таинств сокровище, не разорвать и не осквернить царской одежды. Посему как иметь ум и пользоваться разумом свойственно природе человеческой, так созерцание дела Христова нужно почитать долгом помысла, особенно же потому что образец, на который должны взирать люди, когда или им самим нужно что делать, или других руководить к должному, – есть единый Иисус, который в частности и вообще был для людей в показание истинной правды и первым, и средним, и последним. Потому Он Сам есть и награда, и венец, который нужно получить подвизающимся. Итак, на Него надлежит взирать, и на Его дела обращать прилежное внимание, и сколько возможно стараться прознавать, чтобы знали мы, как должно нам трудиться. Ибо у подвижников награды соразмеряются с подвигами, и на них взирая переносят они труды, столько оказывая мужества, сколько узнали о них, что они прекрасны. Кроме же всего этого, кто не знает, для чего Он один приобрел нас, искупив Своей кровью, и иного нет никого, кому бы надлежало служить, и для кого бы надлежало нам пользоваться и телами нашими, и душами, и любовью, и памятью, и действовать по уму. Посему и Павел говорит: «несте свои; куплени бо есте ценою» (*1Кор.6:19–20*). Ибо и естество человеческое от начала составлено было для нового человека, и ум, и желание приготовлены были для него, и разум мы получили, чтобы познавать Христа, и желание, чтобы к Нему стремиться, память имеем, чтобы Его держать в ней, потому что и для творимых Он был первообразом. Ибо не ветхий для Нового, но Новый Адам для ветхого служит образцом. Ибо хотя и сказано, что Новый рожден по подобию ветхого, но только в отношении к тлению, которое тот начал, а Сей последовал, чтобы немощь естества уничтожить своим собственным врачевством, и чтобы, как говорит Павел: «пожерто было мертвенное животом» (*2Кор.5:4*). Каким же образом, по самому естеству, ветхий Адам может быть первообразом для нас, когда мы знаем, что прежде него был Сей, у коего все перед очами прежде самого бытия, и как старейший служит подражанием второму, когда по Его виду и образу создан последний, но не пребыл таким, устремлен был к сему, но не достиг сего. Потому и закон принял тот, а сохранил Сей, и послушание требовалось от ветхого, а оказал его Новый, притом «даже до смерти, смерти же крестныя», – говорит Павел (*Флп.2:8*), и первый, очевидно, был преступником, несовершенно имея то, что надлежало иметь человеку, ибо закон не превышает природы и преступник его справедливо подлежит наказанию, а другой совершен был во всем, и «Аз, – говорит, – заповеди Отца моего соблюдох» (*Ин.15:10*). И тот внес жизнь несовершенную, которая имела нужду в бесчисленных вспомоществованиях, а Сей соделался для людей Отцом совершеннейшей, т.е. нетленной жизни, и природа человеческая от начала предназначена была к нетлению, а достигла его впоследствии в теле Спасителя, которое Он воскресил из мертвых в жизнь бессмертную, и потом соделался вождем бессмертия для рода человеческого, и словом сказать, истинного человека и совершенного в нравах, и жизни, и во всем прочем показал первый и единый Спаситель. Если таков поистине предел человека, на который взирал Бог как на конечный, создал его, – разумею жизнь нетленную, – то и тело его было бы свободно от тления, и воля свободна от всякого греха, ибо тогда бы он был совершен сам по себе, когда бы творец сделал все, что почитал нужным для него, как и красота статуи окончательно устрояется рукой художника. Если же одному недоставало многого, чтобы быть совершенным, а другой совершен во всем, и людям даровал совершенство, и весь род человеческий привел в сообразность с собой, каким образом второй не будет образцом для первого, и как того не почесть первообразом, а сего созданным по нему? Всего неуместнее думать, что совершеннейшее из всего устроено по образцу несовершенного, и что худшее служит примером для лучшего, и слепые руководят видящими. Ибо не тому должно удивляться, что оно ранее по времени, но надлежит верить, что совершенное сие служит началом несовершенного, помышляя то, что и сначала для нужды человека многое приготовлено было заранее, и человек, мерило всего, уже после всех пришел на землю. Сверх всего этого и естеством, и волей, и помыслами человек всегда стремится ко Христу, не ради божества только, которое составляет конец всего, но и ради другой природы, и Он, с одной стороны, прибежище человеческих желаний, с другой – наслаждение помыслов, и кроме Него иное что-либо любить, или об ином чем-либо рассуждать, – очевидно, есть опущение долга и уклонение от вложенного в душу от начала. А чтобы могли мы о Нем всегда иметь размышление и сию всегда имели ревность, Его, как главный предмет помыслов, должны мы призывать каждый час. И не приготовление к молитвам, не место, и не вопли нужны призывающим Его, ибо нет места, где не присутствовал, и где не был бы с нами Тот, Который для низших Его ближе их собственного сердца. Потому и о молитвах весьма нужно верить, что Он исполнит их, и не сомневаться, так как мы злы нравами, но дерзать, потому что призываемый благ на безблагодатные и злые, так что не только не презирает Он прошения оскорбивших Его рабов, взывающих к Нему, но когда они еще не призывали Его и не говорили Ему никакого слова, Сам, сошедши на землю, первый призвал их. «Приидох, – сказал Он, – призвати... грешники» (*Мф. 9:12–13*); а Взывавший тогда, когда сего не хотели, каким будет, когда станут призывать Его? И если возлюбил Он, будучи ненавидим, как отринет, будучи любим нами? На сие указывая, Павел говорит: «аще врази бывше примирихомся Богу смертию сына Его, множае паче примирившеся, спасемся в животе его» (*Рим.5:10*). Посмотрим еще и на форму прошения, ибо просим мы не того, что прилично просить друзьям, но чего дозволено просить и оскорбителям, и виновным рабам, и особенно им. Ибо мы просим Бога не о том, чтобы Он увенчал, или иную подобную даровал нам благодать, но чтобы помиловал нас. Помилования же, и прощения, и отпущения долга просить у человеколюбца, и прося, не с пустыми отходить руками, кому приличнее, если не виновным, ибо здоровые не имеют нужды во враче. Ибо если вообще указано людям воссылать к Богу глас, просящий помилования, то это есть голос людей, делающих то, за что нужно помилование, голос грешников. Будем же призывать Бога и языком, и волей, и помыслами, чтобы ко всему, чем согрешаем, приложить одно спасительное врачевство, «ибо несть..., – сказано, – инаго имени, о немже подобает спастися нам» (*Деян.4:12*). А для всего этого достаточен, и доставляет ревности силу, и изгоняет прирожденную душе леность, истинно укрепляющий сердце человека хлеб, который, снизойдя с неба, принес нам жизнь, насыщения которым всячески нужно желать, и вечеря сия постоянно приступающих к ней сохраняет от голода, и более должного не надлежит удерживать от сих таинств на том основании, что мы недостойны их, дабы не сделать душу более слабой и худшей всего, но приступая прежде к священникам с покаянием в грехах, надлежит пить очистительную кровь. Вообще же не столь много будем мы повинны, чтобы нам удалиться от священной трапезы, если только будем питать себя сими размышлениями. Ибо как вообще было бы не законно, когда бы кто, согрешая к смерти, дерзнул потом приступить к святыне, так тем, кои не болезнуют столь тяжко, не следует удаляться хлеба. Ибо тем, кои страдают еще ранами воли, надлежит опасаться огня, не сообщаться с ним, прежде нежели не изменятся, а тем, кои имеют правую волю, а в прочем немощны, нужно укрепляющее врачевство, и надлежит им приходить к виновнику здравия, который принял немощи наши и болезни понес, и желающим не быть больными паче всего нужно стараться прибегать к врачу. Ибо кровь сия заключает двери чувств наших и не позволяет войти в них ничему, могущему повредить, особенно же знаменуя двери, отгоняет от них всегубителя, и то сердце, в какое излита она, соделывает храмом Божиим, лучшим стен храма Соломонова, хотя и кровь образная не допускала стоять в нем лукавому идолу, – мерзости, сказано, запустения на месте святе, но духом владычним, – как поет Давид, – утверждая помысл, подчиняет ему мудрование плоти, и человек наслаждается глубокой тишиной.

И что я говорю сие о таинстве, когда прежде многое сказано о том, какими делает оно приемлющих таинство! Но чтобы так соединиться нам с Христом таинством, молитвами, размышлением, помыслами, будем всей душой подвизаться в добродетели, сохраним залог, как повелевает Павел, и соблюдем благодать, вложенную в нас таинствами. Ибо как сам Он есть совершитель, Сам же и таинства, подобным образом Он же один и сохраняет в нас, что дает, и располагает пребывать в том, что приняли мы, «яко без Мене, – говорит Он, – не можете творити ничесоже» (*Ин.15:5*).

КАКОВ БЫВАЕТ ПРИНЯВШИЙ ТАИНСТВА И ТЩАНИЕМ К СЕБЕ СОХРАНИВШИЙ БЛАГОДАТЬ, ПОЛУЧЕННУЮ ОТ ТАИНСТВ

После того, как сказано, каким становится принявший таинства и каким шествуя путем может сохранить то, что получил от таинств, нужно рассмотреть, каков будет он, когда сохранит сие, и какой получит нрав, когда к полученному от Бога присоединит свое. Ибо жизнь состоит в том, что служило для нас предметом предшествующих слов, т.е. с одной стороны, в благодати от таинств, с другой – в попечении принявших о сохранении дара. Теперь остается осмотреть уже всю жизнь так устроенную, и показать то и другое вместе и указать, до чего может достигнуть человеческая добродетель при помощи благодати. А это может быть, если рассмотрим человека, соединившего в себе то и другое, как думаю и в том случае, если захочет кто показать, каково здоровье и какая его польза, всего яснее будет видно сие, когда выведет он на среду человека, вполне пользующегося здоровьем. И мы перед глазами поставив человека, так живущего, узнаем его благосостояние, и со всех сторон осмотрим его красоту. Будем же смотреть не на то, чем украшается он, ни на то, сияет ли он чудесами и имеет ли иную подобную благодать, но посмотрим только на него самого и на красоту его внутреннюю, на добродетель его души. Ибо если с сими дарами сравнить ревность, одна она будет доказательством добродетели, а исследовать самый образ жизни значит узнать самого человека. Потому если нужно узнать самую сущность, зачем искать свидетельств и знамений, когда нужно только исследовать сами дела? Поелику и знамение недостаточно для добродетели. Ибо не всем ревнующим даются они, и не все, у кого они есть, бывают делателями добродетели. Ибо многие, имеющие великую силу перед Богом, не обнаруживают ничего подобного, а между тем, иногда и некоторым из нас бывает сие возможно, и для призывающих Христа нет ничего невозможного, так как не нравы дают сие, а то, чтобы явлен был призываемый. И потому для добродетели установлены и таинства и всякий труд, а для получения силы оной никто не измыслит ничего из известного, как нужно бы трудиться. И что я говорю? Когда не было сих знамений, не имели к ним никакого желания, не искали их, а когда явились они, не было дозволено даже радоваться им. «Не радуйтеся, – сказано, – яко дуси вам повинуются, радуйтеся же, яко имена ваша написана суть на небесех» (*Лк.10:20*). А если сие не дает добродетели и не указывает на ее присутствие, то ищущий сего много заботится об излишнем. Но если бы кто имел видения и откровения и знал все тайны, на сем основании не должно признавать его добродетельным и удивляться ему. Ибо и сие бывает иногда у живущих во Христе, но не составляет и не производит жизни, так как ничто не содействует к добродетели тому, кто взирает на сие только. И это указал блаженный Павел, написав Коринфянам: «аще... вем тайны вся и весь разум, ...любве же не имам, ничто же есмь, и... бых медь звенящи или кимвал звяцаяй» (*1Кор.13:1–2*). Посему, оставив иное, будем смотреть на самое желание души, в котором и состоит добро человека и зло, истинное здоровье и болезнь, и вообще жизнь или смерть, его иметь добрым, устремленным к одному Богу, и составляет блаженную жизнь. Ибо в том цель таинств и попечение человека, чтобы воля прилеплялась к одному истинно благому. Ибо и всего божественного промышления о роде человеческом одна эта цель, и к сему направлено все обещание благ и всякая угроза бедствиями, и для того Бог устроил нам мир сей, и положил законы, и наделил бесчисленными благами, посещал многими скорбями, чтобы обратить к себе Самому, и убедить желать и любить одного Себя. Явно, что за все, чем Он благодетельствовал нам, желает Он только одного приношения от нас, чтобы мы желали доброго и имели благую волю. И о сем свидетельствуют все заповеди, свидетельствуют похвалы, и вообще, все писание, полезное людям, направлено к сему. Ибо, смиряя высокомерия и наказывая похоть плоти, и удерживая гнев, и изгоняя злопамятство, чего иного требует, как не доброты и правоты воли? И наоборот, духовная нищета и плач, и милосердие, и кротость, и все прочее, в чем преуспевающих наименовал Христос блаженными, бесспорно суть дела хотения. Даже прилепляться правым догматам и истинно веровать в Бога есть дело благомысленных, и, вообще, ради любви, говорит, Бог положил весь закон, а любовь есть добродетель воли. Когда же Бог со всяким вразумлением и промышленном требует от нас плодов хотения, явно, что в него всевает и влагает всякую силу и расположение ко благому. Так и крещение даровал Он для сего и иными совершил нас таинствами, чтобы соделать в нас благую волю; и вся сила таинств и новая жизнь в ней. Вообще же какую имеют для нас силу таинства? Они приготовляют к будущей жизни, ибо, как говорит Павел, суть «силы грядущего века» (*Евр.6:5*). Чем же одним мы можем быть приготовлены? Сохранением заповедей Того, Кто может увенчать и наказать в будущем, ибо это вселяет в нас самого Бога. «Ибо, любяй Мя, – сказано, – заповеди моя соблюдет, и Отец мой возлюбит его, и приидем и обитель у него сотворим» (*Ин.14:23*). А сохранять законы есть вполне дело воли. Ибо и награды положены боящимся законодателя, и наказание не уважающим Его, а сие дело произвола. Ибо дело души все подвергать исследованию, и во всем дело произвола, изберет ли кто венец или наказание; итак, если раскроем волю живущего по Боге, войдем в ней сияние блаженной жизни; когда же узнаем всю силу ее, увидим ее в самом ее преизбытке, как и сила тела видна в зрелом возрасте. Избыток же желания есть удовольствие и печаль, одно при достижении, другое при отклонении, потому в сем открывается, что такое человек, и сие показывает образ жизни каждого и различает худых от добрых. И таким образом, двояка бывает жизнь людей, поелику злые утешаются постыдным и суетным, а добрые благим, одни обременены кажущимися неприятностями, другие истинными бедствиями, и сим различается не только зло и доброта, но также благополучие и трудность жизни, несчастье и благосостояние ее, А как не почесть необходимым рассуждение о том, в чем основание блаженной жизни, посредством чего возможно узнать и род жизни и благополучия? Поелику же печаль прежде удовольствия, так как последнее есть плод первого, – плачущие, сказано, утешатся, – прилично и слово начать о ней. Кроме того, скорбеть о чем следует, значит убегать зла, а радость, с другой стороны, есть стремление к благому, посему первое предшествует сему второму: ибо сказано, уклонися от зла и сотвори благо. И хотя в предшествовавших словах сказано о печали по Боге, содержанием коих служит то, что можно сказать об одном плаче, а что касается до иного и до всего, что сродно страсти, о том сказано недостаточно. Теперь должно рассмотреть (Бог же да управит слово, и о чем должен печалиться человек ревностный, и каким образом, и о прочем, в чем т.е. отличие похвальной печали от худой.

О чем и как должно печалиться живущему в Боге, это ясно для всех, но почему должно, и какой в сем отношении приличен способ, это не для всех и размышляющих ясно; потому не излишним будет возможное по нашим силам рассмотрение сего. Печаль зависит от ненависти, ненависть же от сознания зла. Ибо мы отвращаемся того, что кажется злым, а что почитает кто вредным и чем отягощается, тому противодействует, когда наступает оно; потому живущий правильно и занятый истинным любомудрием знает, во-первых, что есть зло на самом деле, знает же, что должно ненавидеть, и противится тому, чем можно быть отягощену. Потому поищем, что действительно составляет зло для человека. Многочисленно и разнообразно то, что носит сие имя, и иное трудно для всех вообще людей, иное только для некоторых, но из всего этого ничто не составляет в собственном смысле зла для души и болезни воли. Ибо и падение звезд, и замешательство времен, и бесплодие стран, и провалы, и землетрясения, и голод, и опять убожество и болезнь, и обиды, и темницы, и раны, и подобное тому, само в себе может быть и зло, но для человека никак не зло. Ибо сие вредит внешнему, и не касается ничего далее тела и имущества, человек же не тело, чтобы при болезни его больному быть и всему человеку, тем менее терпит вред самая природа человеческая при потере того, что нужно для жизни тела. И еще мнения многих не делают человека худшим, хотя бы кто и думал о нем худо. Ибо если бы согласиться на сие, то надлежало бы человеку и худо делать и лучшим быть в самом себе, быть злым и благим, злосчастным и блаженным, судя по тому, то или другое думают о нем. Человек же на самом деле состоит из воли и разума, и кроме сего ничто иное не существенно для него, а сие может принести человеку иногда добродетель, иногда зло. И если случится подвергаться несчастью или поступать хорошо, подвергаться болезни или быть здоровым, жить в утеснении или наслаждаться, то одно бывает, когда удаляемся, другое, когда пребываем в том, в чем должно. Поелику же заблуждение разума есть ложь, а заблуждение воли – зло, остается рассмотреть, по какому ясному признаку можем мы распознавать заблуждение того и другого. Из множества их всех определеннее суд самого Бога, и потому благо и истинно то, что приятно Ему, а зло и ложь, – что не заслуживает Его одобрения; и чему Он удостаивается учить человека, то истина, чего повелевает желать, то благо, а противное сему полно лжи, полно зла. И из божественных вещаний одни достигли земли проповедью людей, вестником других был сам Бог, облекшийся в природу человеческую, и как человеку голосом изъяснил долг его. Что же может быть полезнее правил, или истиннее догматов, которых Сам Бог был и законоположником, и Сам же провозвестником, Он единый истинный и единый благой. Итак, нужно узнать, что, составляя извращение природы, печалит истинного человека, и избрать противоположное сему. Ибо по истине худо то, что противостоит воле оной, а когда оно зло, пекущимся о благе прилично ненавидеть его, а ненавидя не желать, когда нет его, и противиться, когда есть оно. Опечалит же их существующее зло, когда или сами они уклонятся несколько от закона, или другие, вместе с которыми стремятся они к лучшему, а они всем людям желают того, чтобы прибегали они к человеколюбию Божию и возжелали видеть славу Божию, сияющую в каждом из них. И таким образом, живущим во Христе приносит печаль один грех, во-первых, потому что он зло, а они по нравам своим благи, во-вторых, потому, что противодействует законам Бога, с Которым стремятся они соединиться волей, и, в-третьих, потому, что живущим по правому слову всего менее прилично огорчаться понапрасну; тогда только не напрасно огорчение, когда печаль плодоприносит величайшую пользу. Ибо в ином чем-либо ничего не произойдет от того, если кто скорбит; и убожество, и болезнь, и иное подобное не будет удалено слезами, а для зла душевного печаль есть врачевство, она и будущее зло предуничтожает, и настоящее прекращает, и вину соделанного может разрешить. По сей причине, кажется мне, она от начала вложена в природу, так как ни в чем ином не может вспомоществовать нам. Ибо недаром соделываем грех, а возбуждаемые наградой некоторого удовольствия и обольщаясь приятностью благосостояния душевного (ибо гибель души и воспламенение ума не избрали бы ради сего самого); и ясно зная все сие, потом раскаявшись в том, чем согрешили, мы скорбим, гнушаясь сего удовольствия, и, очевидно, одну страсть изгоняем другой, отвергая то, что приняли, и принимая, что отвергли. И вместе со скорбью совершается в нас наказание того, на что мы дерзнули, а для очищенных таким образом уже не нужны другие раны; почему и Бог от начала наказывает законами своими, когда их преступили, налагая на преступившего закон наказание печалью и трудом, чего не почел бы достаточным наказанием, если бы сие не вознаграждало за вину и не могло освободить от ответственности. Сим же образом Сам впоследствии, пришедши, помог человеку против греха; и грех, который нужно было изгнать из природы человека, изгнал, претерпев скорбь.

С другой стороны, не напрасно происходит то, если кто скорбит о чем-либо, относящемся к телу, но вред сего очевиден. Ибо сие значит Богу предпочитать что-либо иное. Крайность такого лукавства есть неистовство

Иуды, который Бога и Спасителя променял на малое серебро, а причина и семя в том, что он погрешил против памятования о Нем, и расположение к Нему было изгнано любовью к чему-либо иному. Ибо, когда усилилась сия страсть, и забвение Бога овладело областью души, любовь к Нему увяла, потому рождается и противоположное постоянному воспоминанию, а когда угасла любовь, тотчас встречается равнодушие к Его заповедям и беззаконие. Как любяй мя, – сказано, – заповеди Моя сохранит, так тем, кои попирают заповеди Божий и дерзновенны в сем, нет ничего несообразного предать и слово веры, если нужно получить выгоду. Ибо «нецыи благую совесть отринувше, от веры отпадоша» (*1Тим.1:19*), сказал блаженный Павел, ибо мертва, – сказано (*Иак.2:17, 20*), – вера тех, кои не заботятся о соответствующих ей делах, почему, если удобно, развращаются, нет ничего странного. Ибо так как три предмета сохраняют в нас благоговение к Богу – страх угрожающих нечестивым бедствий, благая надежда благочестивых, любовь к Самому Богу и к благу, то в душах людей, научившихся беззаконию, не остается ничего действенного; но как в тех, жизнь коих располагается по законам Божиим, возрастает страх к Нему, подобным образом в презрителях повелений Его он мало-помалу ослабевает, и нет ничего удивительного, если в людях, сию страсть предпочитающих доброму, он уничтожается совсем; но когда исчезает все могущее удерживать зло, и от частого умолчания совсем замолкает помысел, влекущий к благому, нисколько не трудно дойти им до самого крайнего зла.

Посему ревностные сохраняют попечение и от начала противостоят источнику зол и сохраняют сердце свое для единого Бога, как бы сокровище некоторое, соблюдая память о Нем. Ибо знают, что и в священных домах ко многому недозволительно и прикасаться, и сосудами, и одеждами, назначенными для него, нечестиво пользовать к чему-либо иному, а ничто из священного не равняется душе, посвященной Богу, почему тем паче не дозволено быть продающими и покупающими ее, и удаляться надлежит трапез и пиршеств и тому подобных дел. Ибо если так надлежит почитать дом молитвы, как же должно уважать Того, Кому молится, для Которого и место оное должно очищать от нечистот? Притом имя того не всякий раз соответствует ему, и не всегда он был домом молитвы, будучи лишен молящихся, а Христианам закон Павла повелевает прилежать общению с Богом на всякое время, молясь непрестанно. И на то обратим внимание, что Спаситель, словами отклоняя от других грехов, здесь употребляет и язык, и гнев, и руку, и бич, давая разуметь, какого тщания удостаивает дело сие. Ибо сие свойственно не только желанию почтить тот храм, которым пренебрег при Его разрушении, сколько желанию каждому верующему, с которым обещался всегда пребывать, показать, сколь почитает Он удаление от забот и попечений и вместе как дерзновенна страсть, и как нужна бодрость, и постоянство души, и бодрственный помысел, и паче всего сама рука Спасителя, не взявшимся за которую невозможно убежать от шума. Посему закон положил святотатцев наказывать смертью и для Святого святых нужна была завеса. Оза умер, простерши нечистую руку к покачнувшемуся кивоту, и Озия получил проказу от святилища, и многое подобное законополагает, чтобы крестившаяся душа, это истинное святилище Божие, была истинно неприкосновенна. Посему для живущих во Христе забота иметь душу чистой не важнее ли всего? И хотя бы занимало волю что-либо кажущееся полезным, оно не отвлекает помысла, как Петра нисколько не озаботило бывшее в руках Его, как скоро услыхал Он призывающего Спасителя. Ибо и сии призываются званием некоторым, постоянным, и непрерывающиеся посредством благодати, напечатлевающейся в душе от таинств, которая, как сказал Павел, есть Дух Сына Божия, вопиющий в сердцах их: Авва Отче. И таким образом каждый раз отвергаются всего, чтобы каждый раз могли следовать за Христом. Поелику «не угодно есть, – сказано, – нам оставльшим слово Божие, служити трапезам» (*Деян. 6:2*), и во-первых, потому, что ничего нет для них важнее Бога, далее потому, что и все прочее ожидают получить от Бога, так как Он раздаятель всех благ. Ибо ищущим прежде всего царствия Божия, по обещанию не ложного, приложено будет и все прочее. Спаситель, отклоняя прилепляющихся к Нему от всякой заботы о сем, великое обращает внимание на сей закон, чтобы не лишились лучшего, и чтобы не напрасно трудились заботящиеся о том, прежде чего нужно заботиться о Нем. Если же попечение о сем вредно, где поместим скорбь, которая состоит не только в том, что душа отдаляется от воспоминания о Боге, но и разум совершенно омрачается и слепотствует, так что и к падению различному имеет великую удобность? Ибо, когда ум обдержится расслаблением, оттого что подвергается крушениям и падениям, он и для себя самого употребляет самое худшее, весьма скоро оставляя свою деятельность и достоинство и то, что приобрел, как одержимые глубоким усыплением роняют находящееся в руках их, и подобно рабам, увлекаясь страстями, которыми должен бы повелевать; и, таким образом, ничто не препятствует умереть душе, получившей тысячи ран, когда много есть с высоты воюющих против нее, а помогающего, как сказал Давид, нет. Посему Павел говорит: «печаль мира смерть соделывает» (*2Кор. 7:10*); взирая на сие, желающие, чтобы господствовала и жила в них душа, не только избегают скорби, но удерживаются и от забот, далеко отстраняя зло. Хотя многим из ревностных, живущим в городах и общинах, случается быть занятыми попечениями и делами, но, тем не менее, не увлекаются они заботами, и помысел их не уклоняется от твердого основания. Мы заботимся, когда неизвестно бывает, получим ли то, чего желаем и о чем стараемся, чтобы оно случилось, так как мы имеем к нему некоторое расположение. Ибо одно то может составлять заботу и беспокоить душу, когда нет ничего известного как о желаемой любви, так и о конце, какой получит забота о ней. Ибо если ничего не знаем о том, что любим или сообразно с желанием нашим знаем о том, что любим, нет никакого для нас труда и в заботе; если же ища того, что любим, ясно знаем, что не получим сего, не останется совсем и места для заботы. Ибо нет здесь никакого беспокойства, ни страха, в чем и состоит сущность заботы, но прямо остается страдание, как бы уже наступило зло. Поелику же ничто из причиняющего заботу не огорчает души живущих во Христе, то очевидно, что они свободны и от бедствий, какие причиняют заботы. Ибо они не привязаны ни к чему настоящему, а если и делают что-либо для нужд тела, то цель каждого попечения указывает и меру его. Ибо пределом трудов поставляют они угодное Богу, и весьма ясно знают, как скоро может обмануть то, чего желают. Заботятся же или те из бедных, которые, желая более надлежащего наслаждений, ищут нужного для жизни, или те из богатых, для которых нет ничего выше денег, которые, когда находятся у них деньги, страшатся, чтобы не пропали они, а когда издерживаются они, скорбят, хотя бы расточались они на самое нужное для тела, и притом так неумеренно любят их, что лучше желали бы на вечное время сохранить их, хотя они и не могут принести там пользы, нежели отрекшись от них, получить какие нужно сокровища. А что боятся они издержек, сие бывает с ними не напрасно, потому что нисколько не могут они надеяться на конец трудов, поелику не на руку Божию возлагают надежды, что всегда непоколебимо и твердо, но все обращают к себе самим, и к своим помыслам, с коими совершают дела, а помыслы сии боязливы и погрешительны (*Прем.9:14*), говорит Соломон. А у тех, кои ненавидят всякое наслаждение, презирают все видимое, во всем же, что делают для себя самих или для других, пользуются руководством светильника закона Божия и все делают с упованием на Него, и с надеждой что все будет им полезно, для таковых какая нужда заботиться? О чем беспокоиться им, когда они почитают сие как бы уже полученным? Ибо они не отыскивают всячески цели, соответствующей стараниям, но довольные тем что случится, не заботятся о будущем, а хорошо зная, что получат желаемое, и что с любящими случится самое полезное из всего, верят, что будет то самое, чего желают они. И как для путников, когда есть у них руководитель, хорошо знающий, как вести их куда нужно, нет никакого опасения заблудиться и нет никакой заботы о гостинице, подобным образом и они, возложив попечение о всем на могущего все, и Ему одному предать жизнь и заботу о ней, сами сохраняют душу свободной от всякой заботы, чтобы, обращая внимание одного истинно благого, заботиться о Господнем, так чтобы, если нужно бояться, то только за то, что приятно Ему и чувствовать только подобное сему. Ибо здесь не себе только самим, но и другим бывают они полезны: и в сем случае не должно ли удивляться благости Божией, так как никто не может освободиться от болезни, если другой станет пить лекарство, а от наказания освобождаемся мы, когда скорбят другие?

Что желающие жить во Христе скорбят, сие ясно из сказанного, а как скорбят они, и с какими помыслами, о сем следует предложить нечто. Не все одного и того же ради скорбят о грехе, но одних побуждает плакать превозношение, именно, что почитая самих себя достойными многого, поступают сверх ожидания, другим прискорбна, думаю, утрата наград, многим невыносим страх наказания, а для лучших любовь к законодателю делает нестерпимым преступление закона. Ибо как из преуспевающих лучшую жизнь ведут те, в коих не страх бедствий и не надежда наград, а одна любовь к Богу производит труды в добродетели, так и из согрешающих и потому сокрушающихся лучше прочих те, в коих плач возбужден любовью к Богу. Ибо первые сами производят в себе страдание и о себе самих начинают плакать и плачут потому, что любят самих себя, а последних движет сам Бог. Так как движение необходимо находится в соответствии с движущим, то сие последнее настолько лучше оного, насколько лучше средства движущих, как и полет стрелы лучше и вернее достигает цели от рук хорошо умеющих пускать стрелы. Потому нужно знать не только то, о чем и как, но и сколько должно скорбеть; ибо возможно скорбеть менее, нежели сколько прилично для согрешивших, и можно поддаться скорби более должного, а плачущие с такими помыслами знают меру слез. Ибо как при ране тела, доколе болит еще член, для очищения плоти или совсем ничего нельзя употреблять, или можно произвести и нарыв, больший естественного и обыкновенного, а когда природа очистится сама в себе и от болезни, она тотчас приходит в порядок и потом исцеляется, не вознаграждая ничем утраченного, подобным же образом бывает и с немощами души. Ибо так как печаль о грехах и злострадание, и слезы, и все подобное сему имеет целью то, чтобы уничтожить грех, восстановить благо души, настолько возможно сие, то и печаль, происходящая от божественной любви, одна из всех будучи истинной, одна и ведет разумно, одна и меру полагает для прочего. Ибо, хотя бы они и пали, но если останется в них любовь Божия, не пойдут они криво, не изменяют направления, не останутся в неведении пути, а того, где должно им остановиться. Ибо правильно идти к Богу, значит идти с любовью. Это есть путь непорочных, как сказал Псалмопевец, ибо они, – говорит он, – всем сердцем взыщут Его, показывая сим твердое их желание. Ибо ходящие в законе Господне суть живущие в любви, в которой весь закон висит. Но как скоро очищен весь грех, который один омрачает око души, ничто не препятствует им, даже и при похотях, взирать на правое слово и ясно знать, сколько должно плакать. Ибо поелику сущность человеческой добродетели, как сказано выше, состоит в том, чтобы сообщаться с Богом волей, а сущность зла – противное сему, и в первом случае человек достигает цели, а в последнем погрешает, то те, кои рассуждают о награде, и преуспевая в добродетели, не ради ее самой любят ее, и, падая, скорбят о зле не по причине его самого, но первое производит в них любовь к наградам, другое – потеря. Почему слишком мало ненавидя, так сказать, сущность греха, не совсем удаляются от него расположением своей воли, хотя, случается, перестают в действовании греховном. Ибо, как человека, который ненавидит злых людей по причине их нравов, нельзя назвать человеконенавистником, так и ненависть ко злу, происходящая не от того, что оно противно закону Божию, но от того, что приносит вред делающим его, свойственна тем, кои страшатся вреда, а не тем, кои отвращаются самого зла. Они, очевидно, не стали бы убегать зла, если бы можно было грешить без опасности; те же, коих к любомудрию возбудила любовь Божия и кои уважают закон потому, что любят Законодателя, когда познают, что оскорбили Бога, обвиняют и оплакивают самый грех в себе не потому, что лишились наград за добродетель, но потому что не соответствуют Богу своей волей. Почему первые и познавши, в чем согрешили, имеют душу не совсем чистую от зла и потому должны желать скорби, и слез, и трудов за грехи, нужных для достижения некоторой меры здоровья; а другие могут успокоиться только тогда, когда извергнут из себя всю болезнь. Ибо так как грех двояк, они избегают и той, и другой части, ибо самое действие прекращают раскаявшись, и не остается в них худая страсть, или какое-либо расположение ко греху, поелику внедренное в душе их стремление к доброму и к Богу не прекращается.

Сие о печали. А радоваться случается и тогда, когда уже присуще нам то, что любим; случается радоваться и об ожидаемом. Ибо «радуемся и упованием», как сказал Павел (*Рим.12:12*). Так как любовь состоит в радости о сем, и потому мы радуемся о нас самих, насколько любим нас, и о других ради нас самих. Есть такие, которые приятны сами по себе, поелику они добры в жизни и обладают благими нравами. Потому ревностный, знающий, что должно любить одно доброе, ради Него радуется о себе самом, ради Него же и о других, частью потому, что достойны сего по правам, частью потому, что помогают ему ко благу. И кроме сего, добрый человек радуется и о чужом добре, и предел его желаний и стремлений в том, если кто хорошо поступает. И в том самый чистейший способ удовольствия, когда общее бывает удовольствие души, и не себя только самого, и не своего только желает и хвалится не своим только, и любит не из корысти, но руководит к венцу и других побеждающих. Ибо в этом человек превосходит природу и уподобляется Богу, Который есть общее благо. Таким образом, явно будет, что человек любит добро ради него самого, а не ради пользы, когда не менее будет радоваться, усматривая его и у других, и плодом иного может быть иное что-либо, а у добрых мужей то, чтобы всем желать добра и радоваться о благонравных, и это можно поставить знаком совершенно добрых людей, как плодоносив произрастающего растения явным делает его силу. Ибо, как природа, если не будет прежде совершенна сама в себе, не произведет рождения подобных, так никто и из людей не будет благ для других, если прежде не будет таковым сам в себе. Ибо для себя самого он существует прежде, нежели для других, себе самому близок, и прежде всех самим собой пользуется и себе желает полезного и просит. Что же препятствует помочь прежде самому себе, если он радуется о добре, а природа и его самого и заботу его прежде всего обращает к нему самому, как поступает в отношении к каждому из существующих. Ибо для себя самого существует, для себя самого прежде всего благ, а чтобы каждый был тем же – это первое и общее всех желание. Посему ясно, что если кто любит благополучие других и радуется о счастье их, сам он не лишен того же и не имеет в нем недостатка, ибо не стал бы думать о других, забывая о себе и пользе своей, если бы сам имел в том нужду. Ибо как пожелал бы он видеть в руках других то, чего нет в его собственной руке? Хотя и бывает, что некоторые из людей, мало расположенных ко благу и добродетели, принимая на себя личину лучших людей, прикрываются добродетелью, и чего совсем не знают сами, в том желают быть руководителями других, и делают сие, желая приобрести некоторую известность и ложную славу, а не ради добродетели и блага, но желающим сего против учения правого слова, совершенно невозможно быть добрыми. Ибо сие свойственно мужам, свободным от всякой зависти и ревности, и имеющим искреннюю и совершенную любовь к подобным себе, в чем состоит приобретение высшего любомудрия. Итак нужно, чтобы желающие участвовать в сем удовольствии были и самыми любомудрственными из всех, и чтобы лучшие и самые любомудрственные из всех были участниками и в сем удовольствии. Ибо сообразно, чтобы участвующие в благе показывали в душе природу блага, а природа оного блага состоит в том, чтобы изливаться и сообщаться. Ибо как стремится она ко всему своему, так и к себе позволяет стремиться всему. Ибо она и не желала бы получить все свое, если не предлагала себя саму всем; а чтобы напрасно было столько общее желание, какая в сем сообразность? Посему понятие благости требует, чтобы благой человек, как себе самому, так и всем предлагал себя самого, и чтобы он скорбел и радовался, и вообще, терпел в душе что-либо подобное сему в отношении к другим не менее, как и к себе самому. И подлинно любовь Божия производит одну и туже радость. Ибо любящему необходимо радоваться не только о любимом, но и о тех, о ком радуется он.

Перейдем же к самому совершенному и чистому удовольствию. И так как живущий в Боге любит Его больше всего и радуется радостью, соответствующей сей любви, то нужно много тщательнее осмотреть, какова она, и в каком отношении к имеющим ее. И во-первых, не себя самого поставляет он причиной радости, и не потому приятен ему Бог, что благ для него. Ибо сие свойственно не тому, кто истинно любит самого Бога, но кто более любит себя самого, и в том что делает, на себя самого смотрит как на цель. Какое добро в человеке, если он не любит истинно своего благодетеля? Какая в нем правда, если высшему из вожделенных отделяет он меньшую меру любви? Какая в нем мудрость, если что-либо полагает он далее последнего конца? Поелику же ему следует быть и добрым, и справедливым, и мудрым, то следует и любить Бога, и радоваться о Нем самым лучшим образом, потому и радости следует быть и постоянной, и твердой, притом же превыше естественной и удивительной. Постоянно, потому что часто соприкасается с тем, что принадлежит любимому, то имеет всегда, тем пользуется по телу, и о том размышляет, и тем живет, и существует, и действует, во всем, что имеет и чем бывает. Ибо знает все дела Божии, все они постоянно перед ним, почему все для него сохраняет напоминание о Нем, все соблюдает любовь неугасимую, все утешает, и сам он не оставляет Его, и не перестает сопребывать с Ним, и нет возможности отнять радость сию. Ибо мы радуемся не тогда только, когда живем вместе с любимыми, но и о делах их, и о всем, что каким-либо образом имеет общее с ними. Подлинно, и в том, что свойственно им самим, есть некоторая великая радость, и очень может она утешать сама по себе, и тверда она. Ибо не может радующийся отказаться от нее, сопребывая с таковым удовольствием, и не может прекратиться радостное, будучи само по себе радостным. Ибо он ничего не будет требовать от страсти, не солжет самому себе, будучи одержим таким удовольствием, о котором и говорить неудобно, и выше оно природы слова, и убегает от самого слова, но радостное существует и не должно бояться за него, ни подозревать перемены его, и ни тени изменения его. Величие же удовольствия может уразуметь тот, кто взирает на самое радостное, ибо надлежит, чтобы радость соответствовала величию приятного. Ибо как ничто не может превзойти Его, так и для людей ничто не может быть подобно радости о Нем, когда и сила желания соответствует любимому. Ибо и желаемое не так велико и желающее не так худо, чтобы не быть достаточно для такого богатства благодати, но оно существует для сей беспредельности и приготовлено к ней. Ибо хотя и определяют, что оно соразмерно с природой, но мы видим, что ничто из сотворенного не соответствует ему, но все меньше его, и стремится оно далее всех, какие бы то ни были блага, хотя бы все в совокупности, и, взирая на вечно существующее, желает не настоящего, и желание сие ничем более не насыщается, и не чувствует в полноте, и сила радости в душе никогда вполне не действует. Откуда ясно, что желающая сила ограничивается сим, но приготовлена к беспредельному благу, и что природа имеет предел, а действование и стремление не имеет никакого предела, как и вообще знаем, что вся жизнь души не имеет конца в сотворенном. А причина та, что Бог и жизнь души, и радость, и все наше приспособил к Самому себе, и душа затем бессмертна, чтобы по смерти мы соблаженствовали с Ним, и не знает предела, чтобы в Нем одном могли мы радоваться всецелым удовольствием. Когда же соединится и то, и другое, и беспредельное благо, которому нет границы, и исполнение предельного желания, какое еще возможно удовольствие? Но и такого избытка не знает никто, ибо не получает того, чего пожелал бы. Ибо настолько радуется, насколько может получить, и насколько лишается, настолько теряет удовольствие, теперь же радуется по причине всего блаженства Божия, и поелику все познает в Боге, все и доставляет ему удовольствие, ибо желает не себя самого, но Его. Ибо как жизнь имеет он не для себя самого, так и желание не для собственного блага, но имея его направленным к Нему, и радуется он о божественных благах, не потому, что сам наслаждается ими, но потому, что присутствует в них Бог, и считает себя блаженным не в том, что получил сам, но во всем, чего желает. И оставляет он себя самого, а к Богу идет всем желанием, и забывает о своем убожестве, желает же оного богатства, и на первое смотрит как на чуждую участь, другое же считает как бы собственным стяжанием. И не думает, что он несчастен по причине первого, но признает себя богатым и блаженным по причине другого. Ибо сила любви усвояет любящим то, что свойственно любимым, ибо сила хотения и желания святых вся устремлена к Богу, и Его одного они почитают собственным благом, и ни тело не может утешать их, ни душа, ни блага души, ни иное что-либо сродное и свойственное природе, потому что ничто из них само по себе не составляет предмета их любви, но как однажды уже отрешившиеся от самих себя, и в иное место перенесшие жизнь и все желание, они уже не знают самих себя. И в сем нет ничего невероятного, ибо и любовь к людям убеждает презирать стяжания и тела, и не видишь ли, что страстно любящие не благоденствуют, хотя бы они чувствовали здоровье, когда увидят больными любимых ими, не отвращаются и болящих, по причине их немощи, хотя лучше их имеют тела, и многие из любящих, будучи отвергнуты, с удовольствием умирают, предпочитая лучше предать тела, чем видеть себя презираемыми. А любовь к Богу настолько выше любви к людям, насколько выше качества любимого. И так что же остается такого, чем могли бы мы пожертвовать для Него, или что больше дадим Ему, если одержимый любовью не презрит и самую душу? А истинно презирает душу не тот, кто умерщвляет тело, но кто предает ее саму и ее блага; предает же как развратный, продавая всего себя за удовольствия тела, так любящий Бога всю деятельность и желание перенося на Бога, и ничего не оставляя душе. Ибо хотя и говорит он о том, какое имеет благосостояние, но не о том, чтобы искать свою душу и ее блага, но о том, чтобы любить Бога и заботиться о заповедях Его, как бы сохранить их. Как и говоря об орудии, по причине дела, о клещах по причине повозки, мы желаем не клещей, но повозки. И как бывает сие – это ясно. Ибо что иное располагает душу прилепиться и весьма любить? Не иное что, как желание существовать. А желаем мы существовать для того, чтобы хорошо существовать, ибо не желает существования тот, кому тяжко, и многие потому убивают самих себя, и Спаситель сказал: «хорошо было бы ему, если бы не родился он» (*Мф. 26:24*). Поелику же существовать хорошо невозможно иначе, как любя Бога, ясно, что мы по природе существуем затем, чтобы любить Бога, когда любим самую душу. Многие же, не зная, откуда для них благобытие, имеют любовь к другому, и погрешая в цели стремления, часто берутся за то, отчего становятся худшими, и душу не уважают, в чем должно, и не презирают по сообразности. Ревностные же, расположившие себя к Богу, как знающие, где искать бытия и как пользоваться самими собой, одного виновника любви полагают Бога, одного Его любят ради Него самого, и ради Него любят душу, и бытие, и все иное, и таким образом любя душу, на самом деле любят не ее, но Того, ради Которого любят ее. Если же любим душу, как нечто собственное, то Спаситель собственнее нам и самой души нашей, и те, кои на сие только обращают внимание в продолжение своей жизни, знают, что Спаситель со всеми ними соединен сродством, и что ради Него только им приятны и сродны и душа и самое бытие. Хотя бы и старался кто о себе самом, но потому входит в раздор с собой, и не получит тишины, что не обрел Бога. Сверх сего правые судьи вещей, каковыми надлежит считать живущих во Христе, не отличают Бога от свойственного Ему. А это бывает, когда совершенное благо любим несовершенной любовью, несовершенно же любим тогда, когда любим и что-либо иное, разделяя любовь. Посему и закон говорит: «всею душою и всем помыслом возлюбиши Бога твоего» (*Втор.6:5*). И так, поелику стремясь к Нему, на Него обращают всю любовь, и никакой частицы дружбы не оставляют ни другим, ни себе самим, то и от самих себя и от всех удаляются своей волей. Ибо любовь соединяет все. Таким образом к Богу одному повсюду устремляя себя, Им одним живут. Его одного любят, о Нем одном радуются. А когда мы желаем, и сожительствуем, и радуемся о свойственном нам самим, сие бывает не потому, что оно наше, но потому, что любим его, хотя бы оно было и не наше, так как собственность не может сама по себе сблизить нас с ней, или побудить радоваться о ней. Ибо многое из нашего печалит нас, и даже в нас самих есть то, за что мы укоряем себя, а некоторые, очевидно, ненавидят себя и желают убежать от себя, и умерщвляют себя. Есть и такие, которые были дерзки и умирали прежде времени, мечом или удавлением приняли себе насильственную смерть. Откуда ясно, что в отношении ко всем, с которыми мы живем и о которых радуемся, и в отношении к душе, и к собственности нашей, и к нам самим любовь производит и сожительство и радость. Итак, если кто желает благ другого и любит их не меньше, чем свои, тому необходимо и сообразоваться волей, и сорадоваться другим в их благах более, чем самому себе в своих. Посему любящему Бога, когда еще природа не преложилась и не переменилась в божественное, так чтобы оно пребывало в самой природе его, когда желание и любовь перенесены от своего к Богу, ничто не препятствует иметь совершенную радость о Нем, как будто бы он и переменился уже. Ибо хотя природу имеет еще человеческую, и по естеству не соединяется с божественным, как со своим собственным, но все желание свое имеет уже там, и оно так существенно, чтобы можно было радоваться истинно, и такую имеет силу в нас, чтобы удержать оное удовольствие. И как любящий себя самого радуется, помышляя о находящемся у него благе, так любящие одного только

Бога, от Его благ получают себе удовольствие, и Его богатством хвалятся, и Его славой величаются и увенчиваются, когда поклоняются Ему, и заслуживают уважение, когда удивляются Ему. И живущие для самих себя, хотя бы об истинных радовались благах, не получат чистого удовольствия, но как радуются о благе присущем, так нужно им скорбеть и о благе отсутствующем, или о зле присущем, а у тех, кои в Боге положили жизнь свою, удовольствие чисто, а печали нет никакой, так как первое производится многим, а огорчающего нет ничего. Ибо в Боге, которым живут они, нет ничего неприятного, ни в отношении к настоящему нет у них никакого чувства, которое бы могло опечалить, ибо искать своего не позволяет им закон совершенной любви, «ибо не ищет, – сказано, – своих си» (*1Кор.13:5*). Но и любящих, так как блажен любимый, необыкновенна и сверхъестественна страсть, земля и прах применяются в собственное Богу и становятся ближними Его, подобно тому, как если бы люди бедные и несчастные, вторгнувшись в дом царский, вдруг освободились от сопутствующего им убожества и облеклись всей тамошней светлостью. Потому, думаю, и нуждницами называются они и восхищающими царствие, что не дожидаются тех, кои бы дали им, и не обращают внимания на тех, кои бы избрали их, но самовластно берутся за престол, и по собственному решению облачаются диадимой. Ибо, хотя и получают они, но не в этом поставляют свое благополучие, и не в том имеют удовольствие, но в любимом познали царство, и радуются не потому, что Он сообщает им блага, но что сам Он в благе, а его имеют они сами по себе и по собственному благорассуждению, так что, если бы не было у них ничего общего с царством, и возлюбленный не сделал бы их участниками блаженства, тем не менее, они и блаженствовали бы, и царствовали, и увенчались, и наслаждались оным царством. Почему справедливо ради сего называются они восхищающими и нуждницами божественных благ, втесняя самих себя в наслаждения их. Сии суть ненавидящие и погубившие души, и вместо их принявшие в себя Владыку душ.

Что же может быть выше и прочнее сей радости! Ибо для тех, кои радуются о самих себе, потерять радостное не есть дело непредвиденное, ибо ни в чем настоящем нет блага незыблемого, почему не столько радуются о том, чем наслаждаются, сколько огорчаются тем, о чем опасаются в отношении к богатству. А у сих и сокровище благ неприкосновенно, и удовольствие не смешано с печалью, и нет никакого опасения по причине постоянства и твердости дела. Одни и сами основательно опасаются за радость, как бы она не довела их до превозношения, когда будут очень обращать внимание на самих себя (что всего более пресекает удовольствие), а других не беспокоит ничто подобное, ибо они не обращаются к самим себе, так как в Боге полагают свою силу, Им хвалятся, и вообще они не так торжествуют как те, и радуются не так, как свойственно радоваться людям, но плодоприносят сверхъестественное некоторое и божественное удовольствие. Ибо, если бы кто переменил жилище на жилище, худшее на лучшее, и удовольствие получил бы вместо удовольствия, — вместо того, которым утешался, живя в первом жилище, другое, каким свойственно утешаться пользующемуся другим жилищем, подобно тому, как если бы по какому искусству произошло лучшее тело, то отбросив настоящее, оставил бы и радость о нем, и настолько более стал бы радоваться, насколько лучшим пользуется телом. Итак, как человек, отвергнув не только тело и жилище, но и себя самого, идет к Богу, который заменяет для него и тело, и душу, и собственность, и друзей, и все, то необходимо, чтобы удовольствие превосходило всякое человеческое удовольствие, необходимо получить такое удовольствие, которое было бы сообразно с божественным блаженством и соответствовало такой перемене. Посему и говорится, что они радуются радостью Христовой, ибо о чем радуется Он, таковую же и им дарует радость; ибо радуется о себе самом; а когда могущее увеселить есть одно и тоже, следует, что и удовольствие одно и то же, и о сем не догадываться только и рассуждать можно, но основательно знавать сие, по ясному слову Спасителя. Ибо когда полагал Он законы о любви, и убеждал учеников до конца сохранять неизменную любовь к Нему, сказал им: «сия глаголах вам, да радость моя в вас пребудет, и радость ваша исполнится» (*Ин.15:11*). Для того, – сказано, – повелеваю любить, чтобы когда любовь сделается всеобщим для вас, вы имели совершенно одно и тоже со Мной удовольствие о Мне и Моем. «Ибо умросте, – сказано, – и живот ваш сокровен со Христом в Бозе»(*Кол.3:3*), равно и радость, и все иное, и человеческого в них нет ничего. И все сие изъясняя в кратких словах, блаженный Павел говорит: «несте свои, куплена бо есте ценою» (*1Кор.6:19–20*), а проданный взирает не на себя самого, но на купившего его, и живет по его воле. Но работающий людям только телом одним обязан жить по воле господина, а своей волей и разумом он свободен пользовать всем, чем хочет, а кого купил Христос, невозможно, чтобы сей оставался своим. И так как никто из людей не покупает целого человека, и нет такой цены, за которую можно бы было получить душу человеческую, то никто не выкупал человека и не порабощал его, кроме тела, а Спаситель купил всего человека. Потому и люди за раба отдают только деньги, а Он принес Самого себя, и тело предал и душу за свободу нашу, и одно предал смерти, другая оставила собственное тело, одно страдало, подвергаясь ранам, другая скорбела не только в то время, когда убивали тело, но и прежде ран; «прискорбна есть, – сказано, – душа моя до смерти» (*Мф. 26:38*). И таким образом предав всего себя Он купил всего человека, следовательно, купил и желание, и преимущественно его. Ибо всего прочего Он был владыка и владел всей природой нашей, а в чем мы можем убежать рабства, – это желание, и чтобы купить его, Он соделал все. Ибо потому, что искал воли, не сделал Он ничего насильственного, не похитил, но купил. Почему никто из купленных, пользуясь хотением для себя самого, не может поступать справедливо, но будет несправедлив в отношении к Купившему, лишая его имущества. Повредит же и себе самому тот, кто желает себя самого и о своем радуется. И так следует, что никто из благих и праведных не любит себя самого, а только Купившего его, потому необходимо, чтобы некоторые из них, если не все, были купленными, ибо какая сообразность, чтобы напрасна была страшная оная купля? Любящим же Его одного следует наслаждаться удовольствием, свободным от всякого огорчения, потому что любимый ничего не делает против их желания, притом удовольствием самым высшим и сверхъестественным и божественным, потому что здесь они истощают всю силу радости, и потому что приятное для них превосходит весь избыток благодеяний. И в самом деле, как рабу людей необходимо печалиться, так рабу Христа необходимо радоваться. Ибо первый достигает не своей радости, а радости купившего его, притом последуя человеку, подверженному скорбям, печали и трудам, а сей отчего получит скорбь, когда руководит им истинная радость? Ибо там заплативший деньги за раба не с тем заплатил их, чтобы делать добро купленному, но чтобы самому получать выгоду, пользуясь по крайней мере трудами его; почему раб, как купленный для пользы приобретших, пока он подвергася трудам, чтобы доставить им удовольствия, сам подвергается непрерывным скорбям. А здесь напротив; ибо все сделано для благополучия рабов, и выкуп дал Он не для того, чтобы Самому наслаждаться чем-либо из принадлежащего искупленным, но чтобы свое сделать собственностью их, и прибылью рабов служит сам Владыка и труды Владыки, и сам купивший воспринял всего купленного. Посему тем, которые не отвергли сего рабства, но приняли Его узы, лучшие всякой свободы, необходимо радоваться, так как они убожество переменили на богатство и узилище на царство, и самое крайнее бесчестие на самую высшую славу. Ибо что владыкам людей возможно по законам делать в отношении к рабам, сие по человеколюбию Владыки дозволено рабам в отношении к общему владыке. Ибо оных закон поставляет владыками рабов и принадлежащего рабам, чтобы не убежали от господства и не оставили рабства, а сии будут обладать своим Владыкой и наследуют принадлежащее Ему, только полюбили иго Его и примирились с покупкой. И сие заповедовал Павел, говоря: «радуйтеся ... о Господе» (*Флп.4:4*), указывая на купленного Господом, и Спаситель, еще яснее обозначая нам причину радости, именует благим рабом приобщившегося Его радости, а себя господином; «вниди, – говоря, – «рабе благий в радость Господа Бога твоего»(*Мф.25:21, 23*), оставаясь рабом, и не уничтожив записи купли, взойди в радость приобретшего тебя. Ибо возможна одна и та же радость не потому только, что один и тот же предмет радости, но и потому, что один и тот же образ благомыслия. Ибо как Он не себе самому угождал, но для рабов жил, и умер, и родился вначале; и восшедши к себе, и восседя на престоле Отчем, восседит там для нас и по веки ходатайствует перед Ним за нас, так и из рабов, владыкой коих был, прежде нежели были их души, только те любят Его одного, кои не обращают внимания на самих себя. Таков был Иоанн, и когда с явлением Его потерял он почет, не только не огорчился, но сам возвещал и указывал Его незнающим, и для него не было ничего приятнее оного языка, от которого пришлось ему получить умаление славы, и он удовольствовался тем, чтобы на Него обратить взоры, и о Нем убеждать весь народ, и к Нему обратить помыслы всех, как помыслы невесты к жениху, а самому быть довольну, если, стоя, услышит голос Его, и наградою за все свое старание получить голос возлюбленнаго (*Ин.3:29, 30*). А Павел, желая Его славы, не только презрел, но даже предал самого себя: ибо и в геенну ввергал себя ради Него, и просил страданий, и был как бы поношением, и поелику сильно любил Его, то желал быть отлученным от Того, Которого возлюбил, и кажется, что оная любовь не только сожигала его сильнее геенны, но была могущественнее самой радости сопребывания с возлюбленным. Ибо, как согласился он пренебречь сею радостью, так удобно мог презреть геенну, хотя имел уже ясные доказательства красоты Господа и вкусил уже Его, но поелику сопребывать, и сожительствовать, и соцарствовать с Ним было и его собственным благополучием, а он не искал своего ради Его славы, то готов был оставить и сие. И так и желая, он желал не для себя, а для Него, и чего нужно было избегать, избегал ради Него. И если единого вожделенного не желать для себя самого, чего оставалось ему желать из всего прочего? Ибо, если ради Кого все делал, все переносил, Кого искал, не на себя самого взирая, не для того, чтобы наслаждаться самому, тем менее мог искать прочего, что презирал. Почему ясно, что, всецело убегая от самого себя, и отрицаясь от всей воли своей, был деятелен только в отношении ко Христу. Поелику же нет в Нем ничего отталкивающего, ничего противного желанию, следует, что достойно удивления то удовольствие, в котором он сопребывал Ему и сожительствовал с Ним, а неприятности никакой не было в душе оной. Ибо хотя и было то, о чем он болезновал и беспокоился, но печальное не преодолевало удовольствия, и ничто не могло отнять его, потому что и вид огорчения сего полон был радости; ибо печаль была плодом любви и величия души, и в сердце его не входило ничего горестного, или тяжкого, или слабодушного. Ибо, что он радовался постоянно, сие ясно из того, что и других убеждал он радоваться постоянно, ибо говорит: «радуйтеся всегда о Господе, и паки реку радуйтеся» (*Флп.4:4*), и, конечно, не предложил бы другим того, чего сам не показал прежде на самом деле.

Такова жизнь святых и столь блаженна даже ныне, когда они упованием и верой получают блаженство, а когда они разрешатся, – оно будет настолько лучше, насколько действительное совершеннее упования, и чистое созерцание Благого – совершеннее веры, насколько совершеннее сей жизни сущий у Бога дух сыноположения, откуда совершенная любовь, по которой блаженна и жизнь. Ибо сей дух даровал принимать таинства Христовы, «принявшим же его даде, – сказано, – область чадом Божиим быти» (*Ин.1:12*), а любовь чад совершенна, от нее далек всякий страх. Ибо истинно любящему невозможно бояться ни лишения наград, ни ран, ибо одно свойственно наемникам, другое рабам, а так совершенно любить свойственно одним сынам. И таким образом благодать в души приемлющих таинства влагает истинную любовь. А что она производит в них и какую доставляет опытность, сие знают наученные; можно же сказать вообще, что она влагает ощущение божественных благ и вкусившим многое подает надежду на большее, и от настоящего влагает твердое упование на не открывшееся еще. А наше дело сохранить любовь, ибо недостаточно только возлюбить и получить расположение, но должно и сохранить его, и к огню прилагать вещество, чтобы поддерживать его. Ибо это значит пребывать в любви, в чем все блаженство, пребывать в Боге и Его иметь пребывающим в себе; «ибо пребываяй в любви, – сказано, – в Бозе пребывает, и Бог в нем пребывает» (*1Ин.4:16*), а сие бывает, и имеем мы любовь, вкорененную в сердце, когда достигаем сего посредством заповедей и сохраняем законы возлюбленного. Ибо душа действиями располагается к тому или другому навыку, судя по тому, будут ли они иметь доброту, или зло, как и из художеств те усвояем и тем научаемся, к которым приучаемся действованием. А законы Бога, положенные касательно человеческих действий и определяющие их, и направляющие к Нему одному, влагают в исполняющих соответственный сему навык, т.е. желать угодного законодателю, и Ему одному покорить всю волю, и кроме Него не желать ничего, а это значит уметь истинно любить Его одного. И посему сказал Спаситель: «аще заповеди Моя соблюдете, пребудете в любви Моей» (*Ин.15:10*). А плод таковой любви есть блаженная жизнь, ибо, отовсюду собирая желание и отвлекая его от всего прочего, и самого желающего сосредоточивает на одном Христе, а все наше следует за желанием, и куда влечет оно, туда направляются и побуждения тела, и движение помысла, и всякое деяние, и все человеческое; словом, желание управляет и увлекает все в нас, и когда обуздывается оно, все бывает связано, и владеющий им имеет вполне здравый разум. Потому, в ком воля всецело направлена ко Христу и к Нему одному устремлена, и все чего желают, что любят, и чего ищут – есть Он один, у тех все бытие и жизнь в Нем, потому и самое хотение не может жить и быть действенным, когда не пребывает во Христе, которому, что все благо в Нем, как и глаз не мог бы исполнять своего назначения, если бы не пользовался светом. Ибо в нем один свет только производит зрение, и только одно благое составляет то, в отношении к чему может действовать хотение. Посему так как раздатель всех благ Он, то если не всю волю устремим к Нему, но несколько хотения будет направлено к чему-либо вне сего сокровища, оно останется недейственным и мертвым. Аще кто во Мне не пребудет, – говорит Он, – извержется вон, якоже розга, и изсышет: «и собирают ю и во огнь влагают, и сгарает» (*Ин.15:6*). Потому и подражать Христу и жить по Нему, значит жить во Христе, и это дело воли, когда она послушна велениям Божиим. Ибо как Он из своих хотений человеческое покорил Божескому, и чтобы научить сему и оставить нам образец правой жизни, Он не просил смерти за мир, хотя и надлежало Ему умереть, пока еще не пришло время, даже молился об отвращении ее, показывая, что не Сам собой избрал, отчего удерживался, но, как сказал Павел, будучи послушлив, вошел на крест, не как имеющий одно только или одно из двух хотение, но согласие двух хотений. Таким образом, из всего ясно открывается, что блаженная жизнь состоит в совершенстве хотения. Говорю же я в отношении к настоящему времени. Поелику человек имеет две главных силы: ум и волю, – то дабы быть ему всецело блаженным в будущности, необходимо, чтобы он обоими силами приблизился к Богу и соединился с Ним, умом чисто созерцал Его, волей совершенно любя Его. Но никому из живущих в тленном теле невозможно быть блаженным в том и другом отношении, но таковых людей приемлет только та жизнь, которая свободна от тления, а в настоящей жизни по отношению к воле блаженные совершенны в божественном, а по действованию умом никак не могут быть совершенны, любовь можно найти у них совершенную, а чистого созерцания Бога нельзя найти. Ибо хотя и во время жизни в теле присуща им будущая жизнь, и они имеют уже опыты наград, но не постоянно, не беспрерывно, не совершенно, так как жизнь не дозволяет сего, и посему упованием радуемся, говорит Павел, и «верою бо ходим, а не видением», и отчасти познаем (*2Кор.5:7*), и хотя он видел Христа, но не постоянно пребывал в сем созерцании. Ибо он всегда только предрекал о том, что узрит он будущее, и сие показал сам, когда, сказав об оном пришествии, прибавил: и так всегда с Господом будем. Посему если кто, будучи в теле, живет во Христе, и может, как говорит Павел, здесь получить вечную жизнь, он имеет ее в воле, посредством любви достигая неизреченной радости, тогда как чистое созерцание ума соблюдается для будущего, а к любви руководит вера. Указывая на сие, блаженный Пётр говорит: «на него же ныне не зряще, верующе же, радуетеся радостию неизглаголанною и прославленною» (*1Пет.1:8*).

В сей любви и радости состоит блаженная жизнь, а сама жизнь, с одной стороны, сокрыта, по слову Павла, «ибо живот наш, – говорит он, – сокровен есть» (*Кол.3:3*), с другой обнаруживается, и как сказал Господь: «дух идеже хощет дышет, и глас его слышиши, но не веси, откуду приходит и камо идет, тако есть всяк рожденный от Духа» (*Ин.3:8*). Ибо в отношении к тому, как приходит благодать для рождения и образования ее, что такое сама благодать, и каким способом, образует, – жизнь сия сокровенна; а обнаруживается в заслугах живущих, в неизреченной любви к Богу и радости о Нем. Сие явно само по себе и указывает на сокровенную благодать, во-первых, по тому, что это есть плод благодати; «плод, – сказано, – духовный есть любы, радость» (*Гал.5:22*), а от плода познается древо; далее потому, что дух свидетельствует о благодати сыноположения, а любовь о самом сродстве их, и что они суть сыны Божий, не имеющие ничего наемнического, ни рабского. Таким же образом и Соломон нашел мать живого младенца, и знаком способным открыть ее признал сильную любовь к рожденному, почему нет ничего несообразного и чад живого Бога узнать по сему свидетельству. Ибо как оную мать, так как она не имела ничего общего с умершим младенцем, ясно указала любовь к живому и попечение о нем, так и в сих благоговение перед живым Богом и любовь к Нему служат очевидным указанием того, что они не мертвых имеют отцов, которых Спаситель так живущим не позволял и погребать: «остави, – сказано, – мертвыя погребсти своя мертвецы» (*Мф.8:22*). Поелику не той только любовью доказывают свое сыновство, что почитают Бога и любят Его, как Отца, и тем, что любовью уподобляются Ему, потому что они исполнены любви, а Бог любы есть, и они живы по причине любви. Ибо истинно живы те, в коих воспитывается сия прекрасная страсть, как совсем мертвы те, в коих нет ее. Ибо, поелику они сыны, почитают Отца тем, что делают, и живя сами, возвещают живого Бога, которым рождены и неизреченное рождение, уверенные, что обновлением жизни, в котором, по слову Павла, ходят (*Рим.6:5*), прославляют небесного Отца. Так неизреченно и человеколюбно радуются они, и посему следует, что Бог не есть Бог мертвых, но живых, поелику в них обретает Он собственную славу свою. Почему злым сказал Он: аще Бог ваш есмь аз, где слава Моя? Сие показывая, Давид сказал: «не мертвии восхвалят тя, Господи,... но мы живии» (*Пс.113:25–26*).

Такова жизнь во Христе, и так сокрывается, и так обнаруживается она светом добрых дел, а это есть любовь. Ибо в ней светлость всякой добродетели, и она, насколько возможно то человеческой ревности, поддерживает жизнь во Христе. Потому не погрешит тот, кто назовет ее самой жизнью, ибо она есть единение с Богом, а это и есть жизнь, как смертью признаем мы удаление от Бога. Посему, говоря о любви и сам Спаситель сказал, «что заповедь его живот вечный есть» (*Ин.12:50*). «Глаголы, яже аз глаголах вам, дух суть и живот суть» (*Ин.6:63*), а сущность их есть любовь, «и пребывай в любви, в Бозе пребывает, и Бог в нем» (*1Ин.4:16*) или что одно и тоже, в жизни пребывает и жизнь в нем, ибо «Аз есмь..., – сказано, – живот» (*Ин.11:25*). Если же жизнь есть сила, движущая живущее, что движет истинно живых людей, которых Бог есть Бог не мертвых, но Бог живых, как не самая любовь, которая не только увлекает и руководит их, но и легко выводит из самих себя, и таким образом может сделать в них больше всякой жизни, так что она оказывается сильнее жизни? Ибо она убеждает презирать жизнь не только скоротекущую, но и постоянную. Посему что справедливее любви может быть названо жизнью? Притом, что важнее всего сказанного; жизнь есть то, что не позволяет живущему умереть, а это и есть любовь. Ибо, когда все прочее, по слову Павла, упраздняется в будущей жизни, одной любви, которая останется, достаточно будет для жизни оной во Христе Иисусе, Господе нашем, Которому подобает вечная слава. Аминь.

www.orthodoxlogos.com

www.ingramcontent.com/pod-product-compliance
Lightning Source LLC
LaVergne TN
LVHW041635060526
832001LV00040B/1573